MARTIN TOLK

Der Frustrierungsgedanke und die Kommerzialisierung
immaterieller Schäden

Schriften zum Bürgerlichen Recht

Band 36

Der Frustrierungsgedanke und die Kommerzialisierung immaterieller Schäden

Darstellung und Versuch einer Kritik

Von

Dr. Martin Tolk

DUNCKER & HUMBLOT / BERLIN

CIP-Kurztitelaufnahme der Deutschen Bibliothek

Tolk, Martin
Der Frustrierungsgedanke und die Kommerzialisierung immaterieller Schäden: Darst. u. Versuch e. Kritik. — 1. Aufl. — Berlin: Duncker und Humblot, 1977.
   (Schriften zum Bürgerlichen Recht; Bd. 36)
   ISBN 3-428-03795-2

D 21
Alle Rechte vorbehalten
© 1977 Duncker & Humblot, Berlin 41
Gedruckt 1977 bei Buchdruckerei Bartholdy & Klein, Berlin 65
Printed in Germany
ISBN 3 428 03795 2

Vorwort

Diese Arbeit hat dem Fachbereich Rechtswissenschaft der Universität Tübingen im Wintersemester 1975/76 als Dissertation vorgelegen. Die Literatur konnte bis Herbst 1975 berücksichtigt werden; später erschienene Arbeiten sowie die Rechtsprechung wurden in die Fußnoten eingearbeitet.

Für die Anregung der Arbeit und die vielfältige Unterstützung danke ich Herrn Prof. Dr. Dr. h. c. Dr. h. c. Fritz Baur, Tübingen.

Dank schulde ich auch Herrn Ministerialrat a. D. Prof. Dr. Johannes Broermann, Berlin, für die Aufnahme der Arbeit in die Schriftenreihe zum Bürgerlichen Recht.

Tübingen, im Juli 1976

Martin Tolk

Inhaltsverzeichnis

ERSTER TEIL

A. Einleitung 13
B. Das Problem 14
   I. Die Regelung der §§ 249 ff. BGB 14
   II. Ansätze zur Ausweitung der Schadensersatzpflicht 15
      1. Der Kommerzialisierungsgedanke 15
      2. Der Frustrierungsgedanke 16
      3. Die Bedarfslehre 16
      4. Der Funktionsschadensbegriff 16
C. Gang der Untersuchung 16

ZWEITER TEIL

Der Schadensbegriff der Verfasser des BGB

A. Der Einfluß der gemeinrechtlichen Interesselehre 18
B. Der Begriff des Vermögensschadens 18
C. Der Ersatz von Nichtvermögensschäden 19

DRITTER TEIL

Die Rechtsprechung zu den Fallgruppen

A. *Fallgruppe:* Entgangene Gebrauchsvorteile als Vermögensschaden 21
   I. Frühere Rechtsprechung 21
      1. Reitpferd-Fall OLG Dresden 21
      2. Villa-Fall OLG Colmar 23
      3. Die „Abwässerentscheidung" des Reichsgerichts 24
   II. Grundlagen und Entwicklung der Kommerzialisierungsrechtsprechung des BGH zu den entgangenen Gebrauchsvorteilen von Kfz .. 25
      1. Die Gebrauchsmöglichkeit als Vermögenswert 25
      2. Die Feststellung des Vermögensschadens 26

>   3. Begründung des Anspruchs über § 249 oder § 251 BGB? 27
>   4. Die Höhe des Schadens 28
>   5. Die „Fühlbarkeit" 28
>
> III. Die Kommerzialisierung der Nutzungsmöglichkeit anderer Gebrauchsgegenstände 29
>   1. Tonband-Fall 29
>   2. Pelzmantel-Fall 30
>   3. Wohnhaus-Fall 31
>   4. Schwimmhalle-Fall 31
>   5. Motorboot-Fall 33
>
> IV. Das Problem der persönlichen Nutzungsverhinderung 34
>   1. Jagdpacht-Fall 34
>   a) Der Gesichtspunkt des Kommerzialisierungsgedankens 34
>   b) Der Gesichtspunkt der nutzlosen Aufwendungen (Frustrierungsgedanke) 35
>   c) Lösung nach der Interessetheorie 35
>
> V. Zwischenergebnis 35

B. *Fallgruppe:* Urlaubs-/Freizeitgenuß, für den Aufwendungen gemacht wurden, als Vermögensschaden 36

Seereise-Fall 36
  1. Der Reisegenuß als Vermögenswert 37
  2. Beeinträchtigung des Reisegenusses als Vermögensschaden ... 38

C. *Fallgruppe:* Beeinträchtigung von Urlaub (Freizeit) „als solchem" als Vermögensschaden 39

>   I. Entscheidungen, die dem Urlaub „als solchem" einen Vermögenswert beimessen 40
>   1. Kommerzialisierung von Urlaubstagen eines Arbeitnehmers, dargestellt am Bungalow-Fall 40
>   2. Kommerzialisierung von Urlaubstagen eines Selbständigen, dargestellt am Rumänienreise-Fall 41
>   a) Urlaub als Vermögenswert 42
>   b) Urlaubsbeeinträchtigung bzw. -vergeudung als Vermögensschaden 42
>   3. Kommerzialisierung von Urlaubstagen eines schulpflichtigen Jungen 43
>
>   II. Entscheidungen, die die Kommerzialisierung von Urlaubstagen ablehnen 44
>   1. Urlaub kein Vermögenswert 44
>   2. Keine rationale Bemessungsgrundlage 44
>
>   III. Zwischenergebnis zu den Urlaubsfällen 45

Inhaltsverzeichnis

VIERTER TEIL

Literaturmeinungen

A. Der Kommerzialisierungsgedanke 46
    Die Auffassung Grunskys 46
    1. Der Vermögensbegriff 46
    2. Fallgruppe: Entgangene Gebrauchsvorteile als Vermögensschaden . 46
    3. Fallgruppe: Urlaub — Freizeit 47

B. Der Frustrierungsgedanke 49
    I. Die Entwicklung des Frustrierungsgedankens 49
    II. Versuche einer dogmatischen Einordnung 50
        1. von Tuhr 50
        2. Löwe 52
        3. Larenz 52
        4. Eike Schmidt 53
    III. Begrenzungskriterien 54
    IV. Die Schadensberechnung 55
    V. Die Schadensminderungspflicht 56
    VI. Die Lösung der Fallgruppen nach dem Frustrierungsgedanken 57
        1. Fallgruppe: Entgangene Gebrauchsvorteile als Vermögensschaden 57
        2. Fallgruppe: Urlaubs-/Freizeitgenuß, für den Aufwendungen gemacht wurden, als Vermögensschaden 57
        3. Fallgruppe: Urlaub (Freizeit) „als solcher" als Vermögensschaden 58

C. Der Funktionsschadensbegriff 59
    I. Der Vermögensbegriff bei Mertens 59
    II. Der Begriff des Vermögensschadens bei Mertens 60
        1. Die Vermögensgutsbeeinträchtigung 60
        2. Vermögensfunktionsstörung in Form fehlgeschlagener Aufwendungen 60
        3. Die Soziabilitätsschranke 61
    III. Die Lösung der Fallgruppen nach dem Funktionsschadensbegriff . 62
        1. Fallgruppe: Entgangene Gebrauchsvorteile 62
            a) Durch sachgerichteten Eingriff 62
            b) Durch persönliche Nutzungsverhinderung 62
        2. Fallgruppe: Urlaub — Freizeit 63

D. Die Bedarfslehre 63

    I. Der Bedarfsschaden 63

    II. Die Lösung der Fallgruppen nach der Bedarfslehre 64

        1. Fallgruppe: Entgangene Gebrauchsvorteile als Vermögensschaden 64

        2. Fallgruppe: Urlaubs-/Freizeitgenuß, für den Aufwendungen gemacht wurden, als Vermögensschaden 65

        3. Fallgruppe: Beeinträchtigung von Urlaub (Freizeit) „als solchem" als Vermögensschaden 66

E. Vergleichende Betrachtung der wirtschaftlichen Ergebnisse der dargestellten Ansätze 67

    I. Fallgruppe: Entgangene Gebrauchsvorteile als Vermögensschaden .. 67

    II. Fallgruppe: Urlaubs-/Freizeitgenuß, für den Aufwendungen gemacht wurden, als Vermögensschaden 68

    III. Fallgruppe: Beeinträchtigung von Urlaub (Freizeit) „als solchem" als Vermögensschaden 69

    IV. Schlußfolgerungen 69

FÜNFTER TEIL

Grundlagen und Methode der Kritik der dargestellten Ansätze

A. Schadensbegriff und Interessenbewertung 71

B. Die Interessenlage bei Erlaß des BGB und ihre Bewertung durch den Gesetzgeber 73

C. Die veränderte Interessenlage 74

    I. Das Problem der Unfallschäden 75

        1. Auswirkungen auf das gesamte System des Schadensausgleichsrechts 77

        2. Die wirtschaftlichen Folgen 78

        3. Die Reformvorschläge für die Regelung von Unfallschäden 78

    II. Der Bereich des Massentourismus — Reiserecht 79

D. Kritik und eigene Meinung für ein „Zweckprogramm" des Schadensausgleichsrechts 81

    I. Zwei grundsätzliche theoretische Positionen im Hinblick auf ein „Zweckprogramm" des Schadensausgleichsrechts 81

        1. Möglichst weitgehende Entlastung des Individuums von jedem Risiko des täglichen Lebens 81

        2. Beschränkung des Schadensausgleichs auf elementare Bedürfnisse 83

    II. Kritik der Praxis der Rechtsprechung 83

SECHSTER TEIL

Vorschlag für eine interessengerechte Lösung: Differenzierung nach vertraglicher und deliktischer Ausgleichspflicht

A. Problem 85

B. Die Praxis der Rechtsprechung 86

C. Die verschiedenen Formen des Interesses 86

D. Nutzlose Aufwendungen und Interesseersatz 87
  - I. Ersatz von Aufwendungen im Rahmen des negativen Interesses .. 87
  - II. Ersatz von Aufwendungen im Rahmen des Erfüllungsinteresses 88

E. Folgerungen für die Fallgruppen 89
  - I. Urlaubs-/Freizeitgenuß, für den Aufwendungen gemacht wurden, als Vermögensschaden 89
    1. Wandelung — Minderung 90
    2. Schadensersatz wegen Nichterfüllung 91
  - II. Entgangene Gebrauchsvorteile als Vermögensschaden 92
    1. Nutzungsausfallentschädigung in Höhe der fiktiven Mietkosten 92
    2. Ersatz von Aufwendungen 93

SIEBENTER TEIL

Die Kritik der Ausweitung der Schadensersatzpflicht bei deliktischer Schädigung

A. Die Kritik des Kommerzialisierungsgedankens und der Bedarfslehre 94
  - I. Der Vermögensbegriff 94
    1. Der Vermögensbegriff im Hinblick auf die Fallgruppen 95
      a) Gebrauchsmöglichkeit als Vermögenswert 95
      b) Urlaub und Freizeit als Vermögenswert 96
        aa) Urlaub eines Arbeitnehmers nach dem BUrlG als Vermögenswert 96
        bb) Freizeit als Vermögenswert 97
        cc) Kommerzialisierung von Freizeit durch Aufwendungen 98
  - II. Kritik am Begriff des Vermögensschadens 98
    1. Kritik der Schadensfeststellung und -berechnung bei der Kommerzialisierung von Gebrauchsvorteilen 100
    2. Kritik der Schadensfeststellung und -berechnung bei Urlaubs- bzw. Freizeitfällen 101
      a) Schadensberechnung, wenn Aufwendungen für Freizeitwert gemacht wurden 101

    b) Schadensberechnung bei Urlaub (Freizeit) „als solchem" 101
    c) Die Schadensberechnung nach der Bedarfslehre 103

B. Die Kritik des Frustrierungsgedankens 104
 I. Aufwendungsersatz und Schadensersatz 104
  1. Der Begriff der Aufwendungen und der Schadensbegriff 104
  2. Die Fallgruppen 105
    a) Ersatz der Aufwendungen, die zur Beseitigung von Schäden gemacht wurden 105
    b) Ersatz der Aufwendungen für Vorsorgemaßnahmen 105
    c) „Frustrierte" Aufwendungen 107
 II. Kritik der Begründungsversuche 107
  1. Kritik einer Analogie bei Larenz 107
    a) Begriff und Voraussetzungen einer Analogie 107
    b) Planwidrige Unvollständigkeit des Gesetzes in bezug auf „frustrierte" Aufwendungen? 109
  2. Kritik der Ableitung des Frustrierungsgedankens aus dem „Austauschgeschäft" 111
 III. Der Begriff der Frustration 112
  1. Zur Wortbedeutung 112
  2. Kritik der Versuche zur Begrenzung des Frustrierungsschadens 112
    a) Begrenzung aus dem Frustrationsbegriff systematisch ableitbar? 112
    b) Die Praktikabilität der Begrenzungskriterien 114
    c) Die Zweckverfehlung von Aufwendungen 116
 IV. Kritik der Schadensberechnung 117

C. Die Kritik des Funktionsschadensbegriffs 118

ACHTER TEIL

Schluß

A. Zusammenfassung 120

B. Folgerungen für die Lösung der Fallgruppen 121
 I. Fallgruppe: Entgangene Gebrauchsvorteile als Vermögensschaden 121
 II. Fallgruppe: Urlaubs-/Freizeitgenuß, für den Aufwendungen gemacht wurden, als Vermögensschaden 121
 III. Fallgruppe: Beeinträchtigung von Urlaub (Freizeit) „als solchem" als Vermögensschaden 121

Literaturverzeichnis 123

ERSTER TEIL

A. Einleitung

Rechtsprechung und Literatur zum Schadensbegriff haben kaum mehr überschaubare Ausmaße angenommen. Bei der Beurteilung der Lage des Schadensausgleichsrechts herrschen eher kritische Stimmen vor[1].

Die Entwicklung des Schadensausgleichsrechts ist gekennzeichnet durch die Abkehr vom subjektiven Schadensbegriff der Differenztheorie und die Hinwendung zu einem objektiven, normativen oder funktionellen Schadensbegriff[2]. Die Rechtsprechung entscheidet immer mehr einzelfallbezogen oder fallgruppenbezogen und gibt den einheitlichen Schadensbegriff der traditionellen Schadenslehre, den das Reichsgericht und anfangs auch der Bundesgerichtshof vertrat[3], auf.

Eine Auswirkung dieser Entwicklung ist, daß das dem Schädiger aufzubürdende Maß an Belastungen immer größer wird[4]. Der Grund für diese Entwicklung dürfte unter anderem darin liegen, daß der Schädiger in vielen Fällen *versichert* ist und daher den Schaden nicht individuell tragen muß, oder daß z. B. bei „Massenverträgen" die Stellung des *Verbrauchers* durch die Androhung umfangreicher Schadensersatzansprüche besser geschützt werden soll[5].

Diese Tendenz zur Ausweitung der Schadensersatzpflicht zwingt auf der anderen Seite aber langfristig zur Einführung einer *Reduktionsklausel*, um grobe Unbilligkeiten beim individuellen Schadensausgleich im Einzelfall zu vermeiden[6]. Dadurch entsteht jedoch ein erhebliches

---

[1] *Baur*, FS L. Raiser, 119 ff.; *Grunsky*, JZ 1973, 427 (die Praxis wurstle sich von Fall zu Fall durch); *Hagen*, FS Larenz, 877 (Begriffsverzerrungen und Kriterienwirrwarr); *Lieb*, JZ 1971, 358 (desolater Zustand des Schadensersatzrechts); *Stoll*, Begriff und Grenzen des Vermögensschadens, 36 (diffuse, innerlich unwahrhaftige Rechtsprechung).

[2] Vgl. dazu den ausführlichen Überblick bei *Mertens*, Der Begriff des Vermögensschadens im Bürgerlichen Recht, 50 ff.

[3] Vgl. *Neuwald*, Der zivilrechtliche Schadensbegriff und seine Weiterentwicklung in der Rechtsprechung, Diss., 128.

[4] Darauf weisen *Baur*, FS L. Raiser, 138 und *Zeuner*, AcP 163, 380 (393) besonders hin.

[5] *Baur*, FS L. Raiser, 120 ff.; *Larenz*, FS Nipperdey I, 507 FN 40; LG Freiburg NJW 1972, 1720; *Heldrich*, NJW 1967, 1737 (1740).

[6] Der Referentenentwurf des Bundesjustizministeriums (Entwurf 1967) sieht die Einführung eines § 255a in das BGB vor, dessen Abs. I lauten soll: „Ist der Schaden im Hinblick auf die die Ersatzpflicht begründenden Umstände

Maß an *Rechtsunsicherheit*, da die Entscheidungen im Einzelfall nicht mehr mit einiger Sicherheit vorhersehbar sind, wie das beim einheitlichen Schadensbegriff der traditionellen Schadenslehre[7] der Fall ist.

Hier soll nicht versucht werden, *den* richtigen neuen Schadensbegriff zu entwickeln, aus dem sich alle Probleme ohne weiteres lösen lassen[8]. Anliegen der Arbeit ist es vielmehr aufzuzeigen, wie in Rechtsprechung und Literatur anhand einiger dogmatischer Figuren versucht wird, entgegen den Intentionen der Verfasser des BGB auch die Beeinträchtigungen von *Gebrauchs-* und *Genußmöglichkeiten* als Vermögensschaden ersatzfähig zu machen. Es wird zu prüfen sein, ob diese Entwicklung den Interessen der Beteiligten und der Allgemeinheit besser gerecht wird als die Lösungen, die sich aus einem im Sinne der traditionellen Schadenslehre weiterentwickelten *subjektiven* Schadensbegriff ergeben.

Eine solche Fortentwicklung könnte bei der differenzierten Behandlung der Fälle *vertraglicher* und *deliktischer* Schädigung ansetzen. Entsprechende Ansätze sind schon in der Judikatur des *Reichsgerichts* zu erkennen.

B. Das Problem

I. Die Regelung der §§ 249 ff. BGB

Im Gegensatz zu ausländischen Rechtsordnungen sieht das BGB grundsätzlich keine *Geldentschädigung* für Schäden vor, die nicht Vermögensschäden sind[9]. Die Abgrenzung zwischen Vermögensschäden und Nichtvermögensschäden hat daher eine erhebliche praktische Bedeutung und ist gerade bei den hier behandelten Fallgruppen heftig umstritten.

Das BGB gibt keine Definition des Schadens, sondern setzt ein „natürliches" Schadensverständnis voraus[10]. Es sind jedoch zwei mögliche *Formen* des Schadensersatzes zu erkennen: zum einen die Herstellung (Restitution) gem. § 249 BGB und zum anderen die Geldentschädigung (Kompensation) gem. § 251 BGB[11]. Der Herstellungsanspruch bringt das

---

außergewöhnlich hoch, so kann das Gericht die Ersatzpflicht insoweit einschränken, als sie für den Ersatzpflichtigen auch unter Berücksichtigung der berechtigten Interessen des Gläubigers zu einer schweren Unbilligkeit führen würde."

[7] Kritisch zu dieser Reduktionsklausel: *Esser*, SchR I, § 40 II 4; *Löwe*, VersR 1970, 289.

[8] Ob es diesen überhaupt geben kann, muß gründlich bezweifelt werden; so werden allein bei *Mertens* 13 verschiedene Autoren dargestellt. Vgl. auch *Zeuner*, AcP 163, 380 (384 ff.).

[9] Rechtsvergleichend *Stoll*, Gutachten zum 45. Dt. Juristentag, 75 ff.

§ 253 BGB lautet: „Wegen eines Schadens, der nicht Vermögensschaden ist, kann Entschädigung in Geld nur in den durch das Gesetz bestimmten Fällen gefordert werden."

[10] *Mertens*, 21 ff.

[11] Einen guten Überblick über Restitution und Kompensation als Funktionen

Vermögen des Geschädigten auch seiner *Zusammensetzung* nach in den schadensfreien Zustand, während der Entschädigungsanspruch nur das *Wertinteresse* des Geschädigten wahrt[12].

Herstellung gem. § 249 BGB kann der Geschädigte sowohl bei Vermögens- als auch bei Nichtvermögensschäden verlangen[13]. Der Herstellungsanspruch wird also von § 253 BGB nicht berührt, während ein Entschädigungsanspruch bei Nichtvermögensschäden grundsätzlich ausgeschlossen ist. Wird ein Nichtvermögensschaden festgestellt, so heißt das, daß der Geschädigte nur dann einen Anspruch hat, wenn Herstellung **(noch) möglich** ist, ansonsten geht der Geschädigte leer aus. Die Abgrenzung, ob ein Vermögens- oder Nichtvermögensschaden vorliegt, wird daher oft — gerade bei den hier behandelten Fallgruppen — darüber entscheiden, ob der Geschädigte überhaupt einen Anspruch hat.

II. Ansätze zur Ausweitung der Schadensersatzpflicht

Um die Konsequenzen dieser Regelung zu vermeiden, haben sich in Rechtsprechung und Literatur einige Ansätze herausgebildet, die im Ergebnis darauf hinauslaufen, daß dem Geschädigten auch im Falle von Nichtvermögensschäden eine Entschädigung in Geld zugebilligt wird. Während in der Rechtsprechung der Kommerzialisierungsgedanke überwiegt, ist in der Literatur eine starke Tendenz zum Frustrierungsgedanken erkennbar. Jedoch ist auch festzustellen, daß sich diese dogmatischen Figuren annähern, und daß die Rechtsprechung dazu neigt, hilfsweise auf die übrigen[14] hier genannten Ansätze zurückzugreifen.

1. Der Kommerzialisierungsgedanke[15]

Danach haben Gebrauchs- und Genußmöglichkeiten, denen die *Verkehrsauffassung* einen wirtschaftlichen Wert beimißt und die im Verkehr gegen Geld erworben werden können, einen Vermögenswert. Bei Beeinträchtigung dieses „Vermögenswerts" entsteht ein Entschädigungsanspruch aus § 251 BGB, dessen Höhe sich in der Regel an den Herstel-

---

des Schadensersatzes gibt *Stoll*, Begriff und Grenzen des Vermögensschadens, 6 ff.; die Einordnung des § 250 BGB als Herstellungs- oder Entschädigungsanspruch ist streitig. Für Herstellungsanspruch: *Esser*, SchR I § 41 II 3c; *Frotz*, JZ 1963, 391; *Medicus*, Bürgerliches Recht, § 33 II 2; a. A. *Larenz*, SchR I § 28 II.

[12] *Medicus*, JuS 1969, 449 (450); ders., Bürgerliches Recht, § 33 II 2; nach *Medicus* wird mit §§ 249, 250 BGB das „Integritätsinteresse" ersetzt; ebenso *Esser*, SchR I § 41 I 4 und § 41 II 3b.

[13] BGHZ 20, 70; *Esser*, SchR I § 42 IV; *Larenz*, SchR I § 28 III; *Stoll*, Begriff und Grenzen des Vermögensschadens, 8; *Wiese*, Der Ersatz des immateriellen Schadens, 5.

[14] Auch die Bedarfslehre oder der Funktionsschadensbegriff sind nur andere Formen der Kommerzialisierung immaterieller Schäden.

[15] Vgl. dazu unten III. Teil und IV. Teil, A.

lungskosten für die betreffende Gebrauchs- bzw. Genußmöglichkeit orientiert (z. B. Mietkosten).

2. Der Frustrierungsgedanke[16]

Danach sind freiwillig gemachte Aufwendungen, die durch ein schädigendes Ereignis nachträglich entwertet werden, wie ein Vermögensschaden zu behandeln. Anschaulich charakterisiert *Bötticher*[17] den Unterschied zwischen beiden Denkweisen: „Im einen Fall schmerzt mich die nutzlose Ausgabe, im anderen der Entgang des erkauften Äquivalents."

3. Die Bedarfslehre[18]

Nach der Bedarfslehre entsteht ein in Geld zu ersetzender Vermögensschaden nicht erst mit tatsächlichen Aufwendungen des Geschädigten, sondern damit, daß Aufwendungen überhaupt notwendig werden, daß ein „Wertbedarf" entsteht.

4. Der Funktionsschadensbegriff[19]

Beim Funktionsschadensbegriff wird der *funktionale* Aspekt des Vermögens betont; Genuß- und Gebrauchsbeeinträchtigungen werden als „Vermögensfunktionsstörungen" erfaßt.

C. Gang der Untersuchung

Ausgangspunkt ist eine kurze Darstellung der Grundlagen der traditionellen Schadenslehre, die den Vorstellungen der Verfasser des BGB zugrundelag.

Es folgt eine Darstellung der Entwicklung der Rechtsprechung zu den Fallgruppen. Dabei wird einerseits darauf hingewiesen, wo die Rechtsprechung bei der Fortbildung des Schadensausgleichsrechts von der Konzeption der traditionellen Schadenslehre abgewichen ist; andererseits werden auch die Entscheidungen dargestellt, die unter konsequenter Weiterführung der traditionellen Schadenslehre die neueren schadensrechtlichen Tendenzen ablehnen.

In einem weiteren Abschnitt werden die Literaturmeinungen zu den Fallgruppen dargestellt. Schwerpunktmäßig wird hier der Frustrierungsgedanke behandelt, der Kommerzialisierungsgedanke nur soweit, wie sich in der Literatur Abweichungen von der Kommerzialisierungsrechtsprechung ergeben. Vollständigkeitshalber werden auch die Bedarfstheorie und der Funktionsschadensbegriff dargestellt, mit denen sich auch der *BGH* auseinandergesetzt hat.

---

[16] Vgl. dazu unten IV. Teil, B.
[17] *Bötticher*, VersR 1966, 310.
[18] Vgl. dazu unten IV. Teil, D.
[19] Vgl. dazu unten IV. Teil, C.

C. Gang der Untersuchung

An die Darstellung der Rechtsprechung und Literatur schließt sich der Versuch einer Kritik an. Dabei sollen sowohl die dogmatischen Konstruktionen geprüft werden, als auch eine kritische Auseinandersetzung mit den *Wertungen* erfolgen, die den Ansätzen zugrundeliegen. Dazu ist es erforderlich, auch die *wirtschaftlichen Hintergründe* der hier behandelten Fallgruppen mit einzubeziehen.

Anschließend soll abgewogen werden, ob die neuen Tendenzen in der Rechtsprechung und Literatur den Interessen der Beteiligten und der Allgemeinheit tatsächlich eher gerecht werden als ein im Sinne der traditionellen Schadenslehre weiterentwickelter subjektiver Schadensbegriff.

ZWEITER TEIL

Der Schadensbegriff der Verfasser des BGB

A. Der Einfluß der gemeinrechtlichen Interesselehre

Das BGB gibt keine Definition des Begriffs des Vermögensschadens[1]. Es läßt sich allerdings feststellen, daß der Gesetzgeber eine bestimmte Vorstellung des Vermögensschadens zugrunde legte[2]. Unter dem Einfluß *Windscheids* in den Beratungen der ersten Kommission wurde die gemeinrechtliche Lehre vom Interesse[3] zur Grundlage der schadensrechtlichen Konzeption gemacht.

Für die gemeinrechtliche Theorie zum Schadensersatzrecht ist *Friedrich Mommsens* Schrift „Zur Lehre von dem Interesse" aus dem Jahre 1955 repräsentativ[4].

B. Der Begriff des Vermögensschadens

Nach *Mommsen* ist dem Geschädigten Ersatz für sein Interesse zu leisten; das Interesse ist: „die Differenz zwischen dem gegenwärtigen[5] Vermögen einer Person, wie dasselbe nach einem beschädigenden Ereignis

---

[1] Mot. Bd. II, 19: Die Feststellung des Schadensbegriffs kann „nicht für alle Fälle nach allen möglichen auch sonst zweifelhaften Seiten durch das Gesetz erfolgen. Der Versuch müßte zu einer Kasuistik führen, von welcher keine befriedigenden Resultate zu erwarten wären. Die Praxis wird, uneingeengt durch eine gesetzliche Vorschrift, auch fernerhin im Einzelfall sich zurecht finden".

[2] Vgl. *Keuk*, Vermögensschaden und Interesse, 11; *Mertens*, Der Begriff des Vermögensschadens, 21; *Neuwald*, Diss., XVII; *Weychardt*, Wandlungen des Schadensbegriffes in der Rechtsprechung, Diss., 30 ff.

[3] Einen ausführlichen Überblick über die Entwicklung des Interessebegriffs vom Römischen Recht bis heute gibt *Weychardt*, Diss., 22 ff.; vgl. zum Interessebegriff auch *Keuk*, Vermögensschaden und Interesse; *Medicus*, Id quod interest; *Reinecke*, Schaden und Interesseneinbuße.

[4] *Mertens* (17), der aber auch auf gewisse Einschränkungen dieser Aussage hinweist.

[5] Es handelt sich dabei um den Vermögenszustand im Zeitpunkt der letzten mündlichen Verhandlung in der Tatsacheninstanz; vgl. *Weychardt*, Diss., 26 FN 5. *Mommsen* spricht vom Zeitpunkt des Urteils (§ 1, 3; § 19, 199). Die Wahl dieses Zeitpunkts ergibt sich aus der Grundtendenz der Interessetheorie ‚einen vollständigen Interesseausgleich herbeizuführen. Dabei soll jedoch auch eine Bereicherung des Geschädigten ausgeschlossen werden; vgl. *Coing*, NJW 1951, 1 ff.; *Weychardt*, Diss., 26 FN 5.

sich darstellt, und dem Betrag, zu welchem dieses Vermögen ohne die Dazwischenkunft dieses Ereignisses sich belaufen würde"[6].

Der Interessebegriff gewinnt seinen wesentlichen Inhalt erst durch den Bezug auf den Gesamtvermögenskomplex des Geschädigten: Bei der Ermittlung des zu leistenden Schadensersatzes werden zwei Gesamtvermögenslagen verglichen[7]. Die Verminderung des Gesamtvermögens und nicht die einzelne Vertrags- oder Rechtsgutsverletzung bildet den Ausgangspunkt dieser Schadensberechnung. Die Grundtendenz ist nicht Rechtsverfolgung, sondern Vermögensausgleich[8].

Eine Gliederung des Schadensbegriffs in lucrum cessans und damnum emergens wird hier vermieden. Durch die Zusammenfassung des damnum emergens und des lucrum cessans wird der mögliche Umfang des Interesses bezeichnet[9]. Das lucrum cessans geht im Interessebegriff auf und hat keine selbständige rechtliche Bedeutung[10].

Nach dieser Auffassung ist grundsätzlich *voller Interesseausgleich* zu leisten[11]. Ein Abstellen auf Art und Inhalt der zugrundeliegenden Ersatzverpflichtung wird abgelehnt, da der Schadensausgleich *keine Pönalisierungsfunktion* habe. Es gilt das *Alles-oder-Nichts-Prinzip*. Schadensersatz und Interesse stehen in folgendem Verhältnis: „Das Interesse ist ein Schadensersatz; das heißt, wenn man Schadensersatz allein auf die vollständige Entschädigung bezieht, treffen beide Ausdrücke, Schadensersatz und Interesse in ihrer Bedeutung zusammen[12]."

C. Der Ersatz von Nichtvermögensschäden

Eine Geldentschädigung für immaterielle Schäden wurde in § 253 BGB ausdrücklich abgelehnt[13], jedoch sollte dem Geschädigten ein Anspruch

---

[6] Zur Terminologie *Mommsen*, § 5, 40 ff.; es werden auch die Begriffe Differenzhypothese, Differenztheorie, Differenzschadenstheorie und „id quod interest" gebraucht; vgl. *Weychardt*, Diss., 19.
[7] *Mommsen*, vor allem in § 1, 3 ff.; § 2, 11 ff.; kritisch dazu *Keuk*, Vermögensschaden und Interesse, 15 ff. (17).
[8] Der Ausgleichsgedanke wird betont in § 3, 18 f.; vgl. auch Mot. Bd. II, 17 ff.
[9] *Mommsen*, § 2, 11.
[10] *Weychardt*, Diss., 28.
[11] *Mommsen*, § 7, 59 ff.; vgl. auch *Keuk*, Vermögensschaden und Interesse, 19.
[12] *Mommsen*, § 4, 27; vgl. auch *Nörr*, AcP 158, 5 FN 22; *Zeuner*, AcP 163, 383. Diese Autoren vertreten die Ansicht, Mommsen habe die „Differenzlehre" nur für die Feststellung des Ersatzes (des „wie"), nicht aber für die Feststellung des Schadens (des „ob") verwendet.
[13] Mot. Bd. II, 21 ff.; Prot. Bd. I, 622. Zur Vorgeschichte *Ekkehard Kaufmann*, AcP 162, 421. Diese Regelung war schon von Anfang an umstritten; einen Überblick gibt *Stoll*, Empfiehlt sich eine Neuregelung der Verpflichtung zum Geldersatz für immateriellen Schaden? Gutachten zum 45. Dt. Juristentag 1964, Bd. 1, Teil 1; vgl. jedoch auch *Larenz*, FS Nipperdey I, nach dessen An-

"auf Wiederherstellung des früheren Zustandes, wann und soweit dieser in den in Betracht kommenden Fällen praktisch werden kann" nicht abgesprochen werden[14].

Diese Regelung ergibt sich auch konsequent aus der *Betonung* der *Ausgleichsfunktion* des Schadensersatzrechts. Der Schadensersatz sollte den tatsächlich entstandenen (genau meßbaren) Schaden ausgleichen, nicht mehr und nicht weniger[15]. Deshalb wurde z. B. auch eine Abstufung des Umfangs des Schadensersatzanspruchs nach Art und Schwere des Verschuldens nicht in Betracht gezogen: „Die Hereinziehung moralisierender oder strafrechtlicher Gesichtspunkte, worauf jene Abstufung beruht, muß bei der Bestimmung der zivilrechtlichen Folgen unerlaubten, widerrechtlichen Verhaltens durchaus ferngehalten werden[16]."

Im vertraglichen Bereich wird der Geschädigte darauf hingewiesen, daß er die Erfüllung der Verbindlichkeit durch die Ausbedingung einer *Konventionalstrafe* zu sichern vermag[17].

---

sicht § 253 BGB „mehr an praktischer Lebensweisheit enthält, als es die Befürworter einer mehr oder minder schrankenlosen ‚Kommerzialisierung' aller Lebensgüter wahrhaben wollen" (507 FN 40).

[14] Mot. Bd. II, 23 f. Für die ausschließliche Gewährung von Geldersatz: *Brinz*, Pandekten II, § 281d, 367; *Degenkolb*, AcP 76, 18 ff; *Gimmerthal*, Die Lehre vom Interesse in ihren Grundzügen rekonstruiert, 47; vgl. auch *Baur*, Entwicklung und Reform des Schadensersatzrechts, 35 ff. Das Common Law versteht unter Schadensersatz allein die Kompensation, *Stoll*, Consequences of Liability: Remedies = International Encyclopedia of Comparative Law XI, Chapter 8, 63 - 66.

[15] *Mertens*, Der Begriff des Vermögensschadens, 22.

[16] Mot. Bd. II, 17 ff.

[17] Mot. Bd. II, 22; dazu *Stoll*, JZ 1975, 252, 255.

DRITTER TEIL

Die Rechtsprechung zu den Fallgruppen

A. Fallgruppe: Entgangene Gebrauchsvorteile als Vermögensschaden

I. Frühere Rechtsprechung

Schon kurz nach dem Inkrafttreten des BGB hatten sich Gerichte mit der Frage zu befassen, ob die auf einem Gebrauchsrecht beruhende Gebrauchsmöglichkeit einen Vermögenswert habe, und ob die Beeinträchtigung oder der Entzug einer solchen Gebrauchsmöglichkeit einen Vermögensschaden darstelle. Schon damals wurden drei verschiedene Ansätze vertreten, die später als Grundlage für die Überlegungen herangezogen wurden, ob für entgangene Gebrauchsvorteile eines Kfz Schadensersatz zu leisten sei. Zwei dieser Ansätze werden oft nicht exakt unterschieden, da sie zu demselben Ergebnis geführt haben[1]. Die verschiedenen Auffassungen werden im folgenden exemplarisch anhand von drei Fällen dargestellt.

1. Reitpferd-Fall OLG Dresden[2]

Der Beklagte hatte das Luxusreitpferd des Klägers schuldhaft verletzt. Dieser forderte Schadensersatz in Geld dafür, daß er das Pferd eine Zeitlang nicht reiten konnte. Das *OLG Dresden* vertrat folgende Ansicht:

„Vermögensschaden ist die in Geld abschätzbare Einbuße, die jemand durch ein bestimmtes Ereignis an seinem Vermögen erleidet. Und dieses umfaßt auch die Benutzungsrechte, die seinem Inhaber an eigenen oder an fremden Sachen zustehen. Hiernach hatte der Kläger dadurch, daß ihm der Gebrauch seines Pferdes während der fraglichen Zeit wirtschaftlich unmöglich gemacht worden war, eine Einbuße an seinem Vermögen und es fragt sich nur noch, ob sie in Geld abschätzbar ist. Dies trifft aber unbedingt zu; denn für die Benutzung eines Pferdes wird im Verkehr üblicherweise eine Vergütung in Geld verlangt; es läßt sich somit ihre Einbuße in Geld abschätzen. Hierbei ist es unerheblich, daß der Kläger sich das Pferd zu seinem eigenen Vergnügen hielt; denn auf den Wert einer Sache oder eines Rechts ist der Grund der Erwerbung ohne Einfluß. — Die Höhe des Schadens ... besteht nicht in

---

[1] *Larenz*, FS Nipperdey I, 490; diese Auffassungen können als Vorläufer des Kommerzialisierungsgedankens bezeichnet werden.

[2] *OLG Dresden*, Annalen des Königl. Sächs. Oberlandesgerichts, Bd. 24, 527 (Urteil vom 6. 12. 1902). Die Entscheidung wird gebilligt von *Neuner*, AcP 133, 277 (309); *Nörr*, AcP 158, 1 (7).

den Verpflegungskosten des Pferdes, sondern in dem Werte, den das Recht der alleinigen Benutzung eines Luxuspferdes während des angegebenen Zeitraumes im Verkehr hat."

Es ist bemerkenswert, daß das *OLG Dresden* schon damals grundsätzlich zwei verschiedene Möglichkeiten des Schadensersatzes sah: zum einen könnte ein Schaden in Höhe der „Generalunkosten", d. h. der Kosten für die laufende Pflege des Pferdes, vorliegen, zum anderen könnte die entgangene Gebrauchsmöglichkeit als solche der Ansatzpunkt für die Schadensberechnung sein.

Die erste Möglichkeit, die später bei der Frage der Entschädigung der entgangenen Gebrauchsvorteile eines Kfz unter dem Stichwort „Frustrierungsgedanke" diskutiert wird[3], hatte das OLG ohne weitere Erörterung abgetan.

Das OLG vertrat die Ansicht, daß die Gebrauchsmöglichkeit *als solche* einen Vermögenswert habe, da im Verkehr üblicherweise für die Benutzung ein Entgelt verlangt wird. Zur Feststellung des Schadens wurde aber nicht die Interessetheorie herangezogen, d. h. die Vermögenslage des Klägers nach Wiederherstellung des Reitpferds mit der verglichen, die ohne das schädigende Ereignis bestanden hätte; dabei hätte sich nämlich *keine* Differenz, also kein Vermögensschaden ergeben[4]. Der Schaden wird nach *objektiven* Kriterien ohne Rücksicht auf die konkreten Auswirkungen auf die Gesamtvermögenslage des Geschädigten festgestellt. Dadurch wird der Geschädigte im konkreten Fall so gestellt, als ob er das Pferd *vermietet* hätte, es wird also nicht eine Vermögens*lücke* ausgeglichen, sondern der Kläger per saldo *bereichert*.

Dieser objektive Schadensbegriff hat aber Konsequenzen in zweifacher Hinsicht: der Kläger könnte die Entschädigung auch dann verlangen, wenn er in der fraglichen Zeit das Pferd gar nicht benutzen wollte oder konnte, da ja die auf dem Gebrauchsrecht beruhende Gebrauchsmöglichkeit *als solche* bewertet wird[5]. Liegt dagegen nur eine *persönliche* Gebrauchsverhinderung (z. B. durch Körperverletzung) vor, so kann man nur von einem Eingriff in die Dispositionsmöglichkeit des Berechtigten sprechen[6]. Ansatz ist ja nicht der tatsächlich entgangene Genuß, sondern

---

[3] Bei *Esser*, SchR I § 41 II 4a; *Larenz*, VersR 1963, 312; ders. in FG Oftinger, 153; *Löwe*, VersR 1963, 310; ders., NJW 1964, 704; *E. Schmidt*, Athenäum Zivilrecht 1, 585 f.

[4] Das sieht auch *Nörr*, AcP 158, 7; er will die Differenztheorie jedoch auf „allgemeine" Vermögensschäden beschränken.

[5] So ausdrücklich *Grunsky*, Aktuelle Probleme, 42 ff.; *Neuner*, AcP 133, 309; vgl. dazu *Larenz*, FS Nipperdey I, 492 f.; inkonsequent *Wiese*, Der Ersatz des immateriellen Schadens, 24, der am „subjektbezogenen Schadensbegriff" festhalten will.

[6] *Grunsky*, Aktuelle Probleme, 44; *Wiese* (26) spricht davon, daß die Einwirkung als solche nicht vermögens-, sondern personenbezogen ist.

die von der Person gelöste, als selbständiges Vermögensgut aufgefaßte *abstrakte* Gebrauchsmöglichkeit. In diesen Fällen ist nicht das Gebrauchsrecht als solches eingeschränkt, sondern der Berechtigte ist in seiner Person an dem tatsächlichen Gebrauchmachen verhindert[7].

2. Villa-Fall OLG Colmar[8]

Der Kläger ließ in seiner Villa eine neue Zentralheizung einbauen. Im Winter stellte sich heraus, daß die Heizung fehlerhaft und die Villa daher nicht bewohnbar war. Der Kläger konnte jedoch während der Reparaturzeit kostenlos bei Bekannten unterkommen, es entstanden keine konkreten Aufwendungen. Das *OLG Colmar* vertrat folgende Ansicht:

„Zu dem Vermögen gehören auch die Gebrauchsrechte, die seinem Inhaber an eigenen oder fremden Sachen zustehen, und der Begriff des Vermögensschadens umfaßt alle Entziehungen von Genüssen, welche, wie die mehrmonatliche Entbehrung der Benutzung einer Villa wegen Unbrauchbarkeit der von dem Eigentümer bei einer Fabrik für Zentralheizungsanlagen bestellten Zentralheizung, ohne Verstoß gegen Gesetz und gute Sitte im Verkehr nur gegen Entgelt erlangt zu werden pflegen, und zwar grundsätzlich ohne Rücksicht darauf, ob dem Geschädigten, wenn er etwa durch die Gefälligkeit eines Dritten einen vorübergehenden Ersatz erlangt, hierdurch besondere Kosten nicht entstanden sind. Denn dadurch wird die Haftung des Schädigers nicht berührt."

Das *OLG Colmar* vertrat hier einen noch weiteren Schadensbegriff als das *OLG Dresden*[9]. Ansatzpunkt ist dabei nicht die auf einem Gebrauchsrecht beruhende abstrakte Gebrauchsmöglichkeit, sondern der *Genuß*, der im Verkehr gegen Geld erlangt zu werden pflegt[10]. Damit sind aber nicht nur „Genüsse" erfaßt, die durch einen Gebrauchsgegenstand vermittelt werden, sondern auch der Genuß einer Reise usw.

Nach dieser Auffassung müßte konsequenterweise ein Geldersatz auch dann zugebilligt werden, wenn diese Genüsse oder Annehmlichkeiten durch eine *persönliche* Verhinderung (z. B. Körperverletzung) vereitelt werden[11]. Dabei kann man zwar von einem subjektbezogenen Schadens-

---

[7] *Larenz*, FS Nipperdey I, 494.

[8] *OLG Colmar*, Recht 1907 Nr. 3058 (Urteil vom 26. September 1907).

[9] Die Entscheidung wurde gebilligt von *Oertmann*, Kommentar zum Schuldrecht, Bem. 2 zu § 253; vgl. *Esser*, SchR 2. Aufl. § 48 2c; *Wiese*, Der Ersatz des immateriellen Schadens, 31; a. A. *Askenasy*, Gruch. Beitr. 70. Jahrg., 376 ff.; *Heck*, Grundriß des Schuldrechts, 57.

[10] Noch weiter gehen anscheinend *Erman-Sirp*, Kommentar § 249 Rd. 58, die nicht auf die konkreten Aufwendungen für den Genuß abstellen, sondern allgemein von einem Ausbau des Immaterialgüterschutzes auch gegen die Intentionen des BGB sprechen; dazu kritisch *Larenz*, FS Nipperdey I, 491 f.

[11] *Larenz* weist zutreffend darauf hin, daß damit konsequenterweise auch dem Eigentümer, der infolge schuldhafter Verletzung seine Wohnung, seinen Kraftwagen, seinen Fernsehapparat nicht in gewohnter Weise gebrauchen kann, ein Schadensersatz zugebilligt werden müsse (494).

begriff sprechen, jedoch entfernt sich diese Auffassung noch weiter vom Aussagegehalt des § 253 BGB als die des *OLG Dresden*[12].

Auch diese Auffassung ist nicht mit der Interessetheorie vereinbar, da sich beim Vergleich der Vermögenslage des Klägers nach erfolgter Reparatur *keine Vermögensdifferenz* ergibt.

3. Die „Abwässerentscheidung" des Reichsgerichts[13]

Eine Stadtgemeinde hatte Schmutzwasser in den Schloßhofteich des Klägers abgeleitet. Durch die üblen Gerüche wurde das Wohnen in dem Nachbarhaus beeinträchtigt. Der Kläger hatte mit seiner Klage auf Unterlassung aus §§ 1004, 906 BGB Erfolg; weitere Forderungen auf Entschädigung wegen der zeitweiligen Entwertung der Wohnung wurden abgewiesen:

„Beide Vorderrichter sprechen dem Kläger die verlangten 150,— M jährlich für die Wohnungsentwertung deshalb ab, weil, wenn auch das Wohnen im Hause vielleicht wegen der üblen Gerüche lästig gewesen sei und Sachverständige den Minderwert der Wohnung deshalb auf vorstehenden Betrag geschätzt hätten, doch der Kläger nach wie vor in seiner Wohnung geblieben sei und einen besonderen Geldschaden nicht darzulegen vermöge. Auch diese Entscheidung ist trotz des dagegen gerichteten Angriffs der Revision einwandfrei. Wie in vielen anderen Fällen kann auch hier wegen noch so lästiger, vielleicht gefährlicher Zustände Schadensersatz deshalb nicht verlangt werden, weil dieser nicht zahlenmäßig in Geld veranschlagt und festgesetzt werden kann. Die Revisionsbegründung behauptet zwar jetzt, des Klägers eigene Nutzung sei jährlich um 150,— M geringer geworden, aber wie sich diese zusammensetzen, ist nicht erfindlich. Jeder Schaden ist an sich nur Vermögensschaden; Schmerzensgeld und dergleichen gewährt das Gesetz nur in besonderen Fällen (§§ 253, 847, 1300 BGB). Ein in der Vergangenheit erlittener Vermögensschaden in Ansehung der Wohnung ist aber nicht dargelegt..."

Diese Entscheidung zeigt deutlich, daß das *RG* vom subjektiven Schadensbegriff der traditionellen Schadenslehre ausgegangen ist, den die Verfasser des BGB diesem zugrundelegten. Beim Vergleich der Gesamtvermögenslage des Klägers mit derjenigen, die bestanden hätte ohne die Ableitung der Abwässer ergibt sich *keine Vermögensdifferenz*. Das *RG* ließ eine objektive Schadensberechnung nicht zu; denn es reicht nicht aus, daß ein objektiver Minderwert des Wohnhauses in Geld *abschätzbar* ist. Der subjektive Schadensbegriff erfordert, daß sich diese Einwirkung in der Gesamtvermögensbilanz *konkret* niederschlägt, und zwar im Zeitpunkt der letzten mündlichen Verhandlung.

---

[12] *Larenz*, FS Nipperdey I, 496 ff.
[13] RG, Warn. Rspr. 1908, Nr. 58; Seuff. Arch. Bd. 63, Nr. 37 (Urteil vom 19. Oktober 1907).

II. Grundlagen und Entwicklung der Kommerzialisierungsrechtsprechung des BGH zu den entgangenen Gebrauchsvorteilen von Kfz

Der eigentliche Ausgangspunkt für den Kommerzialisierungsgedanken ist die Frage der *Nutzungsausfallentschädigung* für Kraftfahrzeuge. Zum ersten Mal wurde — soweit aus Veröffentlichungen ersichtlich — 1960 vom *Amtsgericht München* eine Nutzungsausfallentschädigung zugebilligt[14]. Richtungweisend wurde jedoch eine Entscheidung des *OLG München*[15], die später dem *BGH*[16] als Revision vorlag und so die ständige Rechtsprechung des *BGH* einleitete.

1. Die Gebrauchsmöglichkeit als Vermögenswert

Der III. Senat versuchte mit verschiedenen Erwägungen nachzuweisen, daß die Gebrauchsmöglichkeit eines Kfz einen wirtschaftlichen Vorteil[17] d. h. einen *Vermögenswert* darstelle.

So habe z. B. nur ein solcher Wagen, der sofort benutzbar sei, den vollen Marktwert; für einen Wagen, der nicht sofort benutzbar sei, werde weniger bezahlt.

Auch habe der Besitzer dieses Pkw die Möglichkeit, diesen zu vermieten; diese Möglichkeit sei nicht nur bei gewerbsmäßigen Autovermietern gegeben.

Das entscheidende Argument scheint jedoch, daß der Besitzer eines Kfz seine *Zeit rationeller verwenden* könne:

„Die Möglichkeit, jederzeit und sofort einen Kraftwagen, der in der Garage oder vor der Tür des Hauses steht, benutzen zu können, wird heute allgemein als ein wirtschaftlicher Vorteil angesehen, gleichgültig ob und wie oft man von dem Wagen Gebrauch macht."

Auch sei, noch stärker als im Seereise-Fall (*BGH* NJW 1956, 1234), die Benutzungsmöglichkeit des Wagens angesichts dessen, daß sie in aller Regel nur durch entsprechende Vermögensaufwendungen „erkauft" werden kann, tatsächlich „kommerzialisiert" worden, so daß eine Beeinträchtigung dieser Benutzungsmöglichkeit auch eine Beeinträchtigung des — mit den gemachten Aufwendungen — erstrebten vermögenswerten Äquivalents darstelle.

---

[14] *AG München*, DAR 1960, 288 (Urteil vom 2. 7. 1960); ausführlicher Überblick über die Entwicklung bei *Hermann*, Diss., 12 ff.
[15] *OLG München*, NJW 1962, 2205 = DAR 1962, 237 = VersR 1962, 1214.
[16] BGHZ (III) 40, 345 = JZ 1964, 420 mit Anm. von *Steindorff* = DAR 1964, 81 = NJW 1964, 542 = VersR 1964, 225; dieser Entscheidung haben verschiedene Instanzgerichte lange die Gefolgschaft verweigert. Vgl. nur *OLG Celle*, VersR 1964, 1272; *LG Koblenz*, VersR 1966, 43; *AG Hannover*, VersR 1967, 47 (jeweils mit weiteren Nachweisen).
[17] BGHZ 40, 349.

Nach dem Kommerzialisierungsgedanken hat eine Gebrauchsmöglichkeit nicht schon dann einen Vermögenswert, wenn sie im Verkehr „erkauft" werden kann[18]. Entscheidend ist, daß sich eine *Verkehrsauffassung* gebildet hat, die der „erkaufbaren" Gebrauchsmöglichkeit einen Vermögenswert beimißt. Die Abgrenzung zwischen Vermögensschaden und Nichtvermögensschaden erfolgt danach, ob anerkannte Maßstäbe zur geldlichen Bemessung zur Verfügung stehen *und* ob die *Verkehrsauffassung* der Nutzungsmöglichkeit einen Vermögenswert beimißt. Stehen Maßstäbe zur geldlichen Bemessung zur Verfügung, so ist das ein *Indiz* dafür, daß auch die Verkehrsauffassung von einem Vermögenswert ausgeht.

Im Unterschied zu dem *Oberlandesgericht Dresden* könnte die „Kommerzialisierung" der Gebrauchsmöglichkeit eines Luxusreitpferds durchaus abgelehnt werden mit der Begründung, die *Verkehrsauffassung* messe dieser Gebrauchsmöglichkeit *keinen* Vermögenswert bei[19]. Damit ist die wertende Betrachtungsweise für den Einzelfall offengehalten.

2. Die Feststellung des Vermögensschadens

Bei der Frage der Feststellung des *Vermögensschadens* geht der *BGH* zunächst von der Interessetheorie aus, fügt dann aber hinzu:

„Der Begriff des Schadens ist also kein reiner Rechtsbegriff, sondern ein auf die Rechtsordnung bezogener wirtschaftlicher Begriff. Wer Schadensersatz zu leisten hat, hat die Pflicht, die gleiche wirtschaftliche Lage wiederherzustellen, wie sie ohne den Eintritt des zum Schadensersatz verpflichtenden Umstandes bestanden hätte[20]."

Aus diesem wirtschaftlichen Schadensbegriff folgert der Senat, der Eigentümer eines Pkw erleide durch den Ausfall seines Wagens wirtschaftlich gesehen einen Schaden bereits in dem Augenblick, in dem der Wagen beschädigt werde und infolgedessen eine gewisse Zeit nicht benutzt werden könne. „Die durch die Beschädigung eingetretene Nichtbenutzbarkeit selbst stellt bereits den Vermögensschaden dar[21]."

Der Vermögensschaden wird damit nicht mehr durch einen summenmäßigen Vergleich bestimmt, sondern nach *objektiven* Gesichtspunkten. Noch deutlicher erfolgt die Abkehr von der Interessetheorie durch den

---

[18] So wohl noch *OLG Colmar* und *Dresden,* a.a.O.; es ist daher nicht ganz zutreffend, wenn *Neuwald* (Diss., 100) davon spricht, der BGH sei den OLG gefolgt.
[19] Betonung der Verkehrsauffassung als *konstitutives* Element des Kommerzialisierungsgedankens vor allem in neuerer Zeit: *BGH,* NJW 1971, 796 (797); NJW 1975, 40 (41); NJW 1975, 733 (734).
[20] *BGHZ* 40, 347.
[21] *BGHZ* 40, 349.

VI. Senat in einer späteren Entscheidung[22]: die Differenzhypothese habe vorzugsweise die Funktion, allgemeine Vermögensschäden zu erfassen.

„Bei konkreter Beeinträchtigung einzelner Vermögensgüter sind einer solchen rechnerischen Differenzbetrachtung Grenzen gesetzt. Läßt sich das Maß der Beeinträchtigung dieses Vermögensgutes nach objektiven Maßstäben geldlich bewerten, so ist die Berechtigung einer Ersatzforderung nicht stets davon abhängig, daß eine das Gesamtvermögen erfassende Differenzrechnung eine ziffernmäßige Minderung dieses Vermögens im Zeitpunkt der letzten mündlichen Verhandlung ergibt."

Zur Unterstützung dieser These wird angegeben, die selbständige und nach objektiven Gesichtspunkten erfolgende Bewertung der Vorteile, die in der Nutzungsmöglichkeit einer Sache lägen, sei „dem Recht nicht fremd" (§ 346 S. 2 BGB; § 2 Abs. 1 S. 2 AbzG).

Der einmal entstandene Schaden entfalle auch nicht dadurch, daß der Wagen infolge der Ausbesserung bis zum Zeitpunkt der gerichtlichen Entscheidung wieder voll gebrauchsfähig geworden sei[23]. Zur Begründung dafür zieht der III. Senat die Entscheidung zum merkantilen Minderwert[24] und zum Stärkungsmittelfall[25] heran.

Der VI. Senat[26] ergänzt diese Argumentation mit dem Hinweis, daß mit der Charakterisierung dieses Ausspruchs als eines nur *transitorischen*[27] oder zweckgebundenen das Ergebnis gewonnen würde, daß, wenn nach Unterbleiben der Ersatzbeschaffung ein Ausgleichsanspruch entfiele, durch diese Rechtsauffassung für die Schädiger und ihre Haftpflichtversicherer ein starker Anreiz gegeben wäre, die Erfüllung berechtigter (aber nur transitorischer) Ansprüche abzulehnen und darauf zu vertrauen, der Anspruchsteller werde von der Anmietung eines Ersatzwagens aus Scheu vor einem finanziellen Risiko oder mangels liquider Geldmittel absehen und sich behelfen.

3. Begründung des Anspruchs über § 249 oder § 251 BGB?

Der III. Senat ließ es dahingestellt, ob das sofortige Verlangen von Geldersatz aus § 249 S. 2 BGB hergeleitet werden könne; auf jeden Fall könne der Anspruch auf sofortigen Geldersatz auf § 250 BGB gestützt werden. Die Fristsetzung erübrige sich nach allgemeinen Grundsätzen, ähnlich wie beim Verzug; die Praxis rechtfertige grundsätzlich die Annahme, eine Fristsetzung sei von vornherein aussichtslos und

---

[22] *BGHZ* (VI) 45, 212 (218).
[23] *BGHZ* 40, 350.
[24] *BGHZ* 35, 396.
[25] *BGH NJW* 1958, 627.
[26] *BGHZ* 45, 216.
[27] Vgl. *Esser*, SchR I § 41 II 3b.

nicht mehr als eine leere Formalie. Der Geschädigte sei grundsätzlich so zu stellen, als sei es abgelehnt worden, ihm einen Ersatzwagen zu stellen.

Nach Ansicht des VI. Senats[28] ergibt sich die Verpflichtung des Schädigers dagegen aus § 251 BGB. Dem Ersatzpflichtigen sei nämlich, nachdem der Ersatzberechtigte seinen Wagen zurückverlangt habe, ein Ausgleich der Einbuße durch Stellung eines Ersatzwagens nicht mehr möglich. Die Anwendung des § 251 BGB erkläre auch, daß der Ersatzberechtigte *nicht* die *vollen* Kosten einer Wagenanmietung verlangen könne.

4. Die Höhe des Schadens

Von Anfang an uneinheitlich war die Rechtsprechung zur *Höhe des Anspruchs*. Der III. Senat hat in der Entscheidung vom 30. 9. 1963 dem Geschädigten die vollen Mietkosten, die ein Ersatzwagen gekostet hätte, zugebilligt[29].

Der VI. Senat betonte den Gesichtspunkt der *Vorteilsabwehr*[30]. Durch den Abzug fixer Prozentsätze von den Mietkosten solle verhindert werden, daß der Betroffene *bereichert* werde. Der Geschädigte solle nicht so gestellt werden, als hätte er durch *Vermietung* des Wagens Einnahmen erzielt. Die Entschädigungssätze werden nach Ansicht des VI. Senats in aller Regel höher sein als die anteiligen Generalunkosten[31].

5. Die „Fühlbarkeit"

Es sind jedoch auch *Einschränkungen* für diese Schadensauffassung gemacht worden. Während der III. Senat mögliche Begrenzungen in Form des § 254 II BGB und der „Fühlbarkeit" nur andeutete[32], nahm der VI. Senat zu dieser Frage ausführlicher Stellung[33]. Nur bei einer „fühlba-

---

[28] *BGHZ* 45, 221.

[29] Die Besonderheit des Falls war, daß zwischen den Parteien nicht die Höhe des Anspruchs, sondern nur der Grund streitig war; der III. Senat ließ es offen, ob der Geschädigte grundsätzlich die vollen Mietkosten verlangen kann (*BGHZ* 40, 345).

[30] *BGHZ* 45, 220.

[31] Die Rechtsprechung des *BGH* ist jedoch ohne klare Linie: anfangs wurden 40 % der Mietwagenkosten zuerkannt (*NJW* 1966, 1262), später wurden 25 - 30 % als eher zu hoch bezeichnet (*BGH NJW* 1969, 1477), dann wurden 30 % zugebilligt (*NJW* 1970, 1120), schließlich wird ein Betrag für angemessen erachtet, der die Generalunkosten *maßvoll übersteigt* (*BGHZ* 56, 214); vgl. *Palandt-Heinrichs*, Vorbem. 2b, bb zu § 249; ein besonderes Problem ergibt sich für die Kommerzialisierungstheorie, wenn der Geschädigte ein *billigeres* Ersatzfahrzeug mietet: keine zusätzliche Entschädigung, wenn billigerer Ersatzwagen gemietet wird (*BGH NJW* 1967, 552); anders, wenn pauschal berechneter Nutzungsausfall höher ist als die Mietwagenkosten (*BGH NJW* 1970, 1120).

[32] *BGHZ* 40, 353.

[33] *BGHZ* 45, 219.

ren" Nutzungsbeeinträchtigung werde ein Ausgleich gewährt. Der Anspruch wird vom Nutzungs*willen* und der hypothetischen Nutzungs*möglichkeit* abhängig gemacht. Dieses Erfordernis gilt nach einer späteren Entscheidung auch dann, wenn der Geschädigte aus *unfallabhängigen* Gründen außerstande ist, den Wagen zu benutzen[34].

Die klare Subjektbezogenheit des Schadens stünde einer Ersatzpflicht auch dann entgegen, wenn man diesen Schaden als Folge der vom Kläger erlittenen Körperverletzung zu sehen suche.

Weiter könne der Anspruch wegen § 254 II BGB ausgeschlossen sein, wenn dem Betroffenen zugemutet werden könne, für einige Tage einmal ein öffentliches Verkehrsmittel zu benutzen oder zu Fuß zu gehen[35].

III. Die Kommerzialisierung der Nutzungsmöglichkeit anderer Gebrauchsgegenstände

Wie eingangs erwähnt, reicht es nach dem Kommerzialisierungsgedanken nicht aus, daß eine Gebrauchsmöglichkeit „erkaufbar" ist, oder daß Maßstäbe zur geldlichen Bemessung vorliegen; es muß vielmehr auch eine *Verkehrsauffassung* bestehen, die der Gebrauchsmöglichkeit einen Vermögenswert beimißt.

Bei der Anwendung dieser Grundsätze auf andere Fälle als den Kfz-Nutzungsentgang zeigt es sich, daß die Feststellung oder Ablehnung einer entsprechenden Verkehrsauffassung in hohem Maße von dem jeweiligen „Vorverständnis" des Rechtsanwenders abhängig ist. Das soll anhand einiger in der Rechtsprechung entschiedener Fälle gezeigt werden.

1. Tonband-Fall[36]

Der Beklagte, der das Tonbandgerät des Klägers zur Reparatur erhalten hatte, gab dieses dem Kläger vier Monate lang nicht heraus, da zwischen den Parteien die Höhe der Reparaturkosten streitig war. Der

---

[34] *BGH* NJW 1968, 1778 ff.; nach *BGH* NJW 1974, 33 ist der Schaden auch dann „fühlbar", wenn der Halter des Pkw diesen zwar nicht benutzen kann, jedoch eine Nutzungsmöglichkeit durch Angehörige und Verlobte vereinbart wurde (*BGH* NJW 1974, 33 und 1975, 922); keine „Fühlbarkeit", wenn Ersatzwagen aus eigenem ungenutzten Fuhrpark zur Verfügung stand (*BGH* JZ 1976, 134), ebenso, wenn Führerschein entzogen wurde (*BGH* NJW 1975, 347 und JZ 1976, 278 mit Anm. v. *Stoll*). Vgl. zu dieser Frage auch *Herkner*, VersR 1968, 1057; *Klimke*, Die Versicherungspraxis 1973, 51; *Schmidt-Salzer*, BB 1970, 63.
[35] *BGHZ* 45, 219.
[36] *AG Iserlohn*, VersR 1965, 1212; die Besonderheit des Falls war, daß der Kläger das Tonbandgerät zur beruflichen Fortbildung benutzen wollte; Anm. von *E. Böhmer*, MDR 1966, 295.

Kläger verlangte als Verzugsschaden „die Hälfte der zur Anmietung eines Tonbandes aufzuwendenden Mittel".

Das Amtsgericht wandte hier die Grundsätze an, die der *BGH* zum Verlust von Gebrauchsvorteilen eines Pkw entwickelt hat und kam zu dem Ergebnis, daß die Klage begründet sei, auch wenn der Kläger das Tonband nur zu „Annehmlichkeiten privater Art" benutzen wollte. Auf die Frage, ob die *Verkehrsauffassung* der Gebrauchsmöglichkeit eines Tonbands einen Vermögenswert beimesse, ging das AG allerdings nicht ein. Das Vorliegen einer solchen erscheint jedoch, selbst wenn man die Richtigkeit des Kommerzialisierungsgedankens unterstellt, im konkreten Fall als sehr fraglich, da im allgemeinen Bewußtsein die Möglichkeit der Miete eines Tonbandgeräts, die grundsätzlich zweifellos besteht, wohl doch nicht so verbreitet ist wie die Möglichkeit der Miete eines Pkw. Der Grundgedanke der Entscheidung dürfte wohl auch nicht der Ausgleich eines Vermögensschadens, sondern die *Sanktion* für *vertragswidriges* Verhalten sein.

2. Pelzmantel-Fall[37]

Der Kläger kaufte im Geschäft des Beklagten für seine Ehefrau einen Pelzmantel, der für diese noch passend gemacht werden sollte. Wiederholte Änderungsversuche führten nicht zur Zufriedenheit. Schließlich verlangte der Kläger neben einem Betrag, den er für die Durchführung der Änderung durch einen anderen Kürschner benötigte, eine Entschädigung von 1 700,— DM dafür, daß seine Ehefrau von 1970 bis 1973 den Mantel nicht habe tragen können.

Der *BGH* lehnte die Revision mit der Begründung ab, es handle sich beim Nutzungsentgang eines Pelzmantels um einen *immateriellen* Schaden, für den ein Geldersatz gem. § 253 BGB ausgeschlossen sei.

Die Rechtsprechung zur vorübergehenden Unbenutzbarkeit eines bei einem Verkehrsunfall beschädigten Kfz lasse sich nicht ohne weiteres verallgemeinern. „Es bedarf vielmehr, will man die in § 253 BGB getroffene Regelung für diesen Bereich nicht *völlig* aushöhlen (!), stets einer *Abwägung im Einzelfall,* ob nach der *Verkehrsauffassung* die Benutzbarkeit einer Sache als selbständiger Vermögenswert neben ihrem Substanzwert angesehen wird und damit ihre Beeinträchtigung einen Vermögensschaden darstellt[38]."

Eine *Verkehrsauffassung*, die der Benutzungsmöglichkeit eines Ottermantels einen Vermögenswert beimißt, konnte jedoch (nicht einmal)

---

[37] *BGH* NJW 1975, 733 mit Anm. von *Batsch*, 1163 = JZ 1975, 529 mit Anm. von *Tolk*. Der *BGH* billigte die Berufungsentscheidung des *Hans. OLG Hamburg*, MDR 1973, 847.

[38] *BGH*, NJW 1975, 734 (Hervorhebungen von *mir*).

A. Entgangene Gebrauchsvorteile als Vermögensschaden

der *BGH* feststellen[39]: „Sicherlich diente der Ankauf des Ottermantels auch der Verwendung als winterliches Kleidungsstück. Im Vordergrund stand jedoch... für den Kläger und dessen Ehefrau neben der Kapitalanlage die Freude an dem Tragen eines derartigen wertvollen und schönen Stückes und das Bedürfnis, es in der Öffentlichkeit und, wie die Beweisaufnahme bestätigt hat, bei besonderen Anlässen im Familienkreis zu zeigen."

3. Wohnhaus-Fall

Infolge einer Sachbeschädigung war das Wohnhaus des Klägers zeitweise nicht benutzbar. Dieser verlangte Schadensersatz ohne im einzelnen nachzuweisen, daß er tatsächlich irgendwelche finanziellen Einbußen gehabt hat.

Der *BGH*[40] billigte dem Kläger Schadensersatz zu mit dem Hinweis auf eine frühere Entscheidung zu einem ähnlich liegenden Fall (Clubhaus-Fall[41]) und auf die Rechtsprechung zu den entgangenen Gebrauchsvorteilen eines Kfz: „... bei Verletzung ausschließlicher Rechte, zu denen insbesondere das Eigentum gehört, (ist) eine Schadensberechnung auf hypothetischer Grundlage möglich..., auch wenn sich beim Verletzten eine konkrete Vermögensminderung nicht feststellen läßt."

Ausdrücklich *gegen* diese Argumentation wandte sich vor kurzem das *OLG Düsseldorf*[42]. Die Beeinträchtigung der Benutzbarkeit berühre bei einem Privathaus in erster Linie die Bewegungsfreiheit, die Bequemlichkeit und das Wohlbefinden. Es handle sich um einen immateriellen Schaden, für den nach § 253 BGB eine Geldentschädigung ausgeschlossen sei. Schadensersatz komme nur bei Nachweis eines *konkreten* Schadens in Betracht. Die Judikatur des *BGH* sei auch aus *rechtspolitischen* Gründen abzulehnen. Die Kosten für die Nutzungsausfallentschädigung würden in der Regel über das Prämienaufkommen (bei Kfz) oder über die Preise auf die Allgemeinheit übergewälzt, was den Vorstellungen eines billigen und vernünftigen Schadensausgleichs widerspreche.

4. Schwimmhalle-Fall[43]

Infolge von Baumängeln war die Schwimmhalle des Klägers eine Zeitlang nicht benutzbar. Der Kläger verlangte von dem Bauunternehmer unter anderem eine Geldentschädigung als Ausgleich für die entgangene Nutzungsmöglichkeit.

---

[39] Vgl. *Hans. OLG Hamburg*: „Dem Senat ist nicht bekannt, daß Pelzmäntel ähnlich wie Kraftfahrzeuge oder Grundstücke vermietet zu werden pflegen ... Daß ein derartiger Mantel seinen Träger auch gegen Kälte zu schützen vermag, erscheint demgegenüber als nebensächlich."
[40] BGH NJW 1967, 1803, 1804; ähnlich *KG* NJW 1967, 1233.
[41] BGH NJW 1963, 2020.
[42] *OLG Düsseldorf*, NJW 1973, 659.
[43] *OLG Köln*, NJW 1974, 560.

Ausgangspunkt für das OLG war die Rechtsprechung des *BGH* zu der entgangenen Gebrauchsmöglichkeit von Kfz und Häusern bzw. Grundstücken. Entscheidend sei, ob es einen objektiven Anhaltspunkt für die Bemessung von Gebrauchsvorteilen gebe. Das sei in den genannten Fällen ohne weiteres zu bejahen (Marktpreise, Vergleichsmieten usw.). Für eine Schwimmhalle lasse sich jedoch kein üblicher Mietzins feststellen.

Das Gericht sah den Ansatzpunkt für die Lösung jedoch im *Frustrierungsgedanken*. Dieser Gesichtspunkt werde auch in der Rechtsprechung zur Nutzungsentschädigung für Kfz immer mehr in den Vordergrund gerückt. Mit dem Frustrierungsgedanken sei es jedoch auch möglich, den Wert der Benutzungsmöglichkeit einer Schwimmhalle nach *objektiven* Kriterien zu berechnen. Das OLG ging bei der Schadensberechnung von einem Abschreibungssatz von 1 % und einer Verzinsung von 4 % aus. Bei einem Herstellungsaufwand von 200 000,— DM und einem Nutzungsentgang von zwei Jahren ergab sich ein Schadensersatzanspruch in Höhe von 20 000,— DM.

Anschließend versuchte das OLG jedoch noch, das Ergebnis zusätzlich durch den *Kommerzialisierungsgedanken* abzusichern. Der Herstellungsaufwand des Schwimmbads sei nicht unverhältnismäßig hoch im Vergleich zu dem Gebrauchsvorteil. Der Wunsch des Klägers, eine komfortable Schwimmmöglichkeit zu haben, sei nicht nur eine Marotte mit Affektionswert. Ein eigenes Schwimmbad am oder im Haus erfreue sich vielmehr *allgemeiner Wertschätzung!*

Das OLG wandte hier den Frustrierungsgedanken und den Kommerzialisierungsgedanken *kumulativ* an. Der „reine" Kommerzialisierungsgedanke paßt hier nicht, weil es sich nicht um einen „Genuß von der Stange" handelt, also einen Genuß, der auf dem Markt „erkauft" werden kann. Die Nutzungsmöglichkeit einer privaten Schwimmhalle ist vielmehr eher das Gegenteil, nämlich eine völlig *individuelle* Gebrauchs- und Genußmöglichkeit, für die es, wie das Gericht richtig sieht, keinen üblichen Mietzins gibt.

Das OLG wollte sich jedoch andererseits auch nicht zum „reinen" Frustrierungsgedanken bekennen; es bemühte sich gekünstelt, eine *Verkehrsauffassung*[44] darzulegen, die der Gebrauchsmöglichkeit einer privaten Schwimmhalle einen Vermögenswert beimißt[45]. Damit *kumulierte* das OLG jedoch auch gleichzeitig die *Schwächen* des Kommerzialisie-

---

[44] Neben den anerkannten Maßstäben für die Bemessung der Gebrauchsvorteile konstitutives Element der Kommerzialisierung.

[45] Dies erscheint im Zeichen der „Energiekrise" um so erstaunlicher, wenn man bedenkt, welche enormen Kosten die Beheizung eines Schwimmbades verursacht.

rungs- und Frustrierungsgedankens. Für den Kommerzialisierungsgedanken ergibt sich ganz offensichtlich, daß rationale Kriterien für die geldliche Bemessung des Äquivalents der mit einem Kostenaufwand von 200 000,— DM gebauten Schwimmhalle fehlen[46]. Zum Grundproblem des Frustrierungsgedankens bezieht das OLG keine Stellung: Die Aufwendungen für die Schwimmhalle hat der Bauherr *freiwillig* erbracht aufgrund seiner vertraglichen Verpflichtung; sie sind *nicht* durch das schädigende Ereignis *verursacht* worden. Gegenstand der vertraglichen Verpflichtung war die Herstellung des Werks, nicht primär die (zeitweilige) Zurverfügungstellung der Schwimmmöglichkeit.

Geht man jedoch mit den Vertretern des Frustrierungsgedankens von den fehlgeschlagenen Aufwendungen aus, so erübrigt sich der besondere Nachweis einer Verkehrsauffassung, die dem ausgebliebenen Äquivalent einen Vermögenswert beimißt.

5. Motorboot-Fall[47]

Die Klägerin verlangte Schadensersatz für den Nutzungsausfall ihres Motorboots. Sie stellte sich auf den Standpunkt, daß die für eine Nutzungsausfallentschädigung bei Kfz entwickelten Grundsätze auch auf ein Motorboot anzuwenden seien.

Das KG wies die Klage ab, obwohl für die Bemessung des Werts der Gebrauchsmöglichkeit eines Motorboots durchaus ähnliche Maßstäbe zur geldlichen Bemessung vorhanden sind wie bei Kfz[48].

Die Gebrauchsbeeinträchtigung des Motorboots stelle keinen wirtschaftlichen Schaden dar, sondern lediglich eine *individuelle* Genußschmälerung und Bequemlichkeitseinbuße; diese seien jedoch als *immaterielle Schäden* nicht ersatzfähig (§ 253 BGB)[49].

Ein großes Motorboot, das zur Freizeitgestaltung und zur Erholung eingesetzt werde, sei eher ein Luxusgegenstand. Der Zweck der Anschaffung sei nicht, wie bei einem Pkw, die Zeit rationeller einteilen zu können und die größere Beweglichkeit, weshalb der Gebrauchsmög-

---

[46] Während in den Kfz-Fällen noch die Herstellungskosten in Form der fiktiven Mietwagenkosten herangezogen werden konnten, ist hier nicht einmal das der Fall.
[47] KG MDR 1972, 778; vgl. auch den Parallelfall des *LG Kiel*, Schl.H.Anz. 1973, 33 (Segelyacht). Die Nutzungsmöglichkeit eines *Motorrollers* hat keinen Vermögenswert, *LG Bremen*, VersR 1968, 907.
[48] Auch für größere Motorboote wie im vorliegenden Fall besteht in der Regel durchaus die Möglichkeit der Miete!
[49] Anders *LG Kiel*, a.a.O.: „Wer in seiner Freizeit segeln will, kann dies in aller Regel nur tun, wenn er ein Segelboot erwirbt oder gegen Entgelt mietet, sich den in dem Segeln liegenden Freizeitgenuß also mit Vermögensaufwendungen erkauft." Als Vergleichsmaßstab zieht das LG „den Mietwert einer Ferienwohnung mit vier Zimmern" heran; für die Zeit vom 16. 9. bis 15. 10. 1969 erhielt der Kläger 1000,— DM!

lichkeit eines Pkw auch nach der *Verkehrsauffassung* ein nach objektiven Maßstäben feststellbarer Vermögenswert zukomme. Das Motorboot sei nicht geeignet, die Zeit des Eigentümers rationeller zu gestalten; es diene auch nicht zum Zeitgewinn, sondern im Gegenteil zum Zeitvertreib.

Diese Entscheidung ist wohl nur so zu verstehen, daß das *KG* retten wollte, was noch zu retten war, und den Kommerzialisierungsgedanken so *restriktiv* wie nur irgend möglich anwenden wollte. Zweifel an der Folgerichtigkeit der Entscheidung — vorausgesetzt, man billigt den Ansatz der Kommerzialisierungsrechtsprechung überhaupt — erweckt doch wohl der Vergleichsfall, daß der Eigentümer eines (Luxus-)Pkw diesen lediglich zum „Zeitvertreib" angeschafft hat, wie es häufig vorkommt[50]. In diesem Fall würde ein Vermögensschaden bejaht werden[51].

IV. Das Problem der persönlichen Nutzungsverhinderung

1. Jagdpacht-Fall[52]

Der Kläger wurde bei einem Verkehrsunfall verletzt. Durch die Verletzung wurde er zeitweise an der Ausübung seines langjährigen Jagdausübungsrechts gehindert. Er verlangte eine Geldentschädigung in Höhe von 13 000,— DM für diese Nachteile[53].

a) Der Gesichtspunkt des Kommerzialisierungsgedankens

Der VI. Senat des *BGH* grenzte den Fall zunächst gegen die schon entschiedenen Kfz-Fälle ab; dort erfolge der Eingriff direkt am *Gebrauchsgegenstand*, und *dieser* sei dann nicht benutzbar. Jedoch sei auch dieser Anspruch nur unter der Bedingung gegeben, daß das Kfz hätte genutzt werden können, und daß auch ein entsprechender Nutzungswille vorgelegen habe. Daraus folgere, daß von einem ersatzfähigen Schaden nicht gesprochen werden könne, wenn nur die Nutzungsmög-

---

[50] Vgl. auch *BGH*, VersR 1970, 547, wo der Kläger, der einen Opel als Ersatzwagen benutzte, gleichwohl eine Nutzungsausfallentschädigung für die entgangene Gebrauchsmöglichkeit seines Mercedes-Benz 600 erhielt; dazu Anm. von *Klunzinger*, VersR 1970, 881.

[51] Lediglich der Gesichtspunkt des § 254 II BGB könnte die Ausgleichspflicht entfallen lassen.

[52] *BGHZ* 55, 146 = JZ 1971, 591 (mit Anm. von *Stoll*) = NJW 1971, 796 = VersR 1971, 444; Revisionsentscheidung zu *OLG Hamm*, VersR 1969, 762; ausführlich zum Problem der persönlichen Nutzungsverhinderung *Werber*, AcP 173, 158; *Larenz*, FG Oftinger, 163; *Mertens*, 160; a. A. als der *BGH Esser/ Schmidt/Köndgen* (Fallsammlung, 112), die auch im Jagdpachtfall einen Frustrierungsschaden bejahen! (Diese Ansicht wird — soweit ersichtlich — sonst *nirgends* vertreten).

[53] Die 13 000,— DM setzen sich aus folgenden Einzelposten zusammen: 8 000,— DM Pachtzins für ein Jahr, 1 400,— DM Jagdsteuer und Versicherung sowie 3 600,— DM für die Revieraufsicht.

A. Entgangene Gebrauchsvorteile als Vermögensschaden

lichkeit wegfalle, die Sache selbst aber unbeschädigt bleibe. Es wird an dieser Stelle ausdrücklich betont, daß die (Kommerzialisierungs-)Rechtsprechung zu den Kfz-Fällen nicht ohne weiteres für andere Fälle der zeitweiligen Gebrauchsentziehung gelte[54].

Es gebe jedenfalls keinen allgemeinen Satz des Inhalts, daß ein körperlich Verletzter einen Vermögensschaden erleide, soweit er sein Vermögen wegen der Verletzung nicht mehr genießen könne. Entscheidend sei, daß hier zwar der Kläger selbst an der Nutzung gehindert gewesen sei, die Möglichkeit der Nutzung an sich jedoch auch nach dem Unfall bestanden hätte. Der Kläger habe aber die ganze Zeit über die Nutzungsmöglichkeit *verfügen* können, er sei lediglich in seiner *Dispositionsfreiheit* eingeschränkt gewesen[55]. Dieser Nachteil könne jedoch nur beim Ersatz des *immateriellen* Schadens berücksichtigt werden.

b) Der Gesichtspunkt der nutzlosen Aufwendungen (Frustrierungsgedanke)

Der VI. Senat läßt es dahingestellt, „ob solcher Sicht überhaupt zu folgen ist"[56]. Es wird darauf hingewiesen, daß auch die Befürworter des Frustrierungsgedankens Einschränkungen vornehmen in Fällen der durch eine Körperverletzung vermittelten Schäden. Auch diese würden im fraglichen Fall zu einem ablehnenden Ergebnis kommen[57]. *Larenz* unterscheide im Fall der durch Körperverletzung vermittelten Schäden zwischen den *laufenden* Aufwendungen für die gewöhnliche Lebenshaltung des Verletzten und dem *besonderen* Aufwand für einen bestimmten, einmaligen Zweck[58]. Auf jeden Fall sollten auch die Interessen des *Schädigers* berücksichtigt werden.

c) Lösung nach der Interessetheorie

Dieses Ergebnis ließe sich allerdings besser mit der *Interessetheorie* begründen: Der Kläger steht vermögensmäßig hinsichtlich seiner Jagdpacht nicht schlechter, als wenn er das Jagdausübungsrecht hätte ausnutzen können. Es ergibt sich keine Vermögensdifferenz; der Kläger hat nur einen immateriellen Schaden erlitten.

V. Zwischenergebnis

Als Zwischenergebnis kann festgehalten werden, daß sich der Kommerzialisierungsgedanke in der Rechtsprechung zu den entgangenen

---

[54] Für Vermögenswert der Möglichkeit der Jagdausübung *OLG Oldenburg*, VersR 1969, 527.
[55] Im Anschluß an *Grunsky*, Aktuelle Probleme, 44.
[56] Vgl. auch die Berufungsentscheidung des *OLG Oldenburg* zum Jagdpach'-Fall, *OLG Oldenburg*, VersR 1969, 527.
[57] Vgl. jedoch die Ansicht von *Esser/Schmidt/Köndgen*, a.a.O.
[58] Mit Hinweis auf *Larenz*, FG Oftinger, 163; ähnlich *Mertens*, 160.

Gebrauchsvorteilen eines Kfz praktisch durchgesetzt hat und ständige Rechtsprechung geworden ist.

Der Kommerzialisierungsgedanke ist jedoch nicht beschränkt auf die Gebrauchsvorteile eines Kfz, sondern kann grundsätzlich bei der Beeinträchtigung aller Gebrauchsgegenstände angewendet werden. Es wird von der Berechenbarkeit der Herstellungskosten[59] auf das Vorliegen eines Vermögensschadens geschlossen.

Anders als nach der Auffassung der *OLG Colmar* und *Dresden* reicht es für die Kommerzialisierungsrechtsprechung nicht aus, daß eine Gebrauchsmöglichkeit „erkauft" werden kann, sondern es muß *zusätzlich* eine *Verkehrsauffassung* vorliegen, die dieser Gebrauchsmöglichkeit einen Vermögenswert beimißt. Damit hält sich die Rechtsprechung die Möglichkeit der *wertenden* Betrachtung im Einzelfall offen. Die bisherige Praxis der Rechtsprechung gibt jedoch zu der Vermutung Anlaß, daß die jeweilige Entscheidung, ob eine Gebrauchsmöglichkeit einen Vermögenswert hat oder nicht, sehr stark im Hinblick auf das gewünschte Ergebnis erfolgt.

Nach der Interessetheorie, von der die Verfasser des BGB ausgegangen sind und die auch das *Reichsgericht* in ständiger Rechtsprechung vertrat, liegt in den Fällen der entgangenen Gebrauchsvorteile kein Vermögensschaden vor, da sich beim Vergleich der Vermögenslagen des Betreffenden keine *Vermögensdifferenz* ergibt, und da nach der Interesselehre die Vermögensdifferenz und der Vermögensschaden *identisch* sind.

B. Fallgruppe: Urlaubs-/Freizeitgenuß, für den Aufwendungen gemacht wurden, als Vermögensschaden

Seereise-Fall[60]

Der Kläger buchte eine Seereise. Durch Verschulden der Zollbehörden wurde sein Koffer nicht rechtzeitig an Bord geliefert. Er und seine Ehefrau mußten sich mit der Kleidung, die sie am Leib trugen, behelfen und konnten nicht in gewohnter Weise am Bordleben teilnehmen. Der

---

[59] z. B. Mietkosten.
[60] *BGH* NJW 1956, 1234 = LM Nr. 2 zu § 253 BGB = DB 1956, 644 = VersR 1956, 491. Die Entscheidung wird gebilligt von *Bötticher*, AcP 158, 385 (408); *Erman-Sirp*, Rdn. 58 zu § 249 BGB; *Grunsky*, Aktuelle Probleme, 84; *Larenz*, VersR 1963, 312 (313); *Nörr*, AcP 158, 1 (8 Anm. 38); *Zeuner*, AcP 163, 380 (399). Die Entscheidung wird abgelehnt von *E. Böhmer*, MDR 1964, 453; *Löwe*, VersR 1963, 307 (312); *Stoll*, Gutachten, 136 (vgl. jedoch JZ 1971, 596 und Begriff und Grenzen des Vermögensschadens, 33 ff.); *Soergel-Siebert (R. Schmidt)*, Rdn. 4 zu §§ 249 - 253 BGB; kritisch auch *Medicus*, Bürgerliches Recht, § 33 III 2b.

B. Urlaubs-/Freizeitgenuß, für den Aufwendungen gemacht wurden

Kläger verlangte Schadensersatz in Geld mit der Begründung, der Reisegenuß sei durch die Aufwendungen „*kommerzialisiert*" und die Beeinträchtigung stelle deshalb einen in Geld meßbaren Vermögensschaden dar.

Die Revision vertrat die Ansicht, daß dem Kläger insoweit nicht Ersatz eines Vermögensschadens, sondern unzulässigerweise der Ersatz eines immateriellen Schadens, eines Nichtvermögensschadens, zugebilligt worden sei.

Der III. Senat des *BGH* stellte sich jedoch auf den Standpunkt des Klägers:

„Bei dem mit der Seereise erstrebten und normalerweise erzielten Genuß handelt es sich nicht um einen rein immateriellen, ideellen Wert, vielmehr ist ein solcher Genuß angesichts dessen, daß er in aller Regel nur durch entsprechende Vermögensaufwendungen erkauft werden kann und auch hier tatsächlich erkauft worden ist, in gewissem Umfang *kommerzialisiert*, so daß eine Beeinträchtigung dieses Genusses auch eine Beeinträchtigung des mit den gemachten Vermögensaufwendungen erstrebten — vermögenswerten — Äquivalentes darstellt[61]."

In dieser Entscheidung taucht zum ersten Mal der Begriff der *Kommerzialisierung* immaterieller Schäden auf, der später bei den entgangenen Gebrauchsvorteilen eines Kfz und bei der Vergeudung von Urlaubstagen wiederkehrt. Im Unterschied zu den vorher behandelten Entscheidungen ist hier jedoch nicht auf den Entzug der Gebrauchsmöglichkeit einer *Sache* (Kleider), sondern auf den Minderwert der *gesamten Reise* abgestellt[62].

Wie bei den anderen Kommerzialisierungsfällen stellt sich auch hier zunächst die Frage, ob der Genuß „als solcher" einen *Vermögenswert* habe; wenn man dies bejaht, muß anschließend geprüft werden, ob die Beeinträchtigung dieses Genusses auch einen *Vermögensschaden* darstelle.

1. Der Reisegenuß als Vermögenswert

Das entscheidende Kriterium für die Abgrenzung von Genüssen, die einen rein immateriellen ideellen Wert darstellen, und solchen, denen Vermögenswert zukommt, ist für den *BGH* das der Kommerzialisierung. Kommerzialisiert ist ein solcher Genuß nach dieser Auffassung dann, wenn er „in aller Regel nur gegen Geld erkauft werden kann".

Offen bleibt hier die Frage, ob die abstrakte „Erkaufbarkeit" genügen soll oder ob der Betroffene auch *tatsächlich* Aufwendungen ge-

---

[61] *BGH* NJW 1956, 1235.
[62] A. A. *Nörr*, AcP 158, 8 Anm. 38; dieser stellt auf den Gebrauchswert der Kleider ab; dazu *Wiese*, Der Ersatz des immateriellen Schadens, 33.

macht haben muß; es stellt sich also die Frage, ob der Ansatzpunkt für die Schadensbetrachtung die tatsächlich gemachten Aufwendungen sind oder das „vermögenswerte Äquivalent". Diese Unterscheidung kann durchaus praktische Bedeutung haben: Geht man von den nutzlosen Aufwendungen im Sinne des Frustrierungsgedankens aus, so kann ein Anspruch konsequenterweise nur dann zugebilligt werden, wenn diese auch tatsächlich gemacht wurden[63]; sollte aber derjenige, der die Reise im Preisausschreiben gewonnen oder geschenkt erhalten hat, keinen Anspruch haben?

Durch die Formulierung „... und auch hier tatsächlich erkauft worden ist" und durch die Betonung des „vermögenswerten Äquivalentes" ist jedoch eher anzunehmen, daß der Ansatzpunkt für den *BGH* der Genuß als solcher ist und die Aufwendungen nur als *Anhaltspunkt* für die Schadensberechnung herangezogen werden[64].

Der entscheidende Gesichtspunkt ist wohl nicht, daß der Betroffene *Aufwendungen* gemacht hat, sondern daß es sich um einen „vermarkteten" Genuß, einen „Genuß von der Stange" handelt; bei den Kfz-Fällen betont der *BGH* später das Erfordernis einer *Verkehrsauffassung*, die der Gebrauchs- bzw. Genußmöglichkeit einen Vermögenswert beimißt. Dieser Ansatz zur Möglichkeit einer *wertenden* Einschränkung war auch schon in der Seereiseentscheidung angelegt.

Es kann also festgehalten werden, daß der *BGH* in dieser Fallgruppe davon ausgeht, daß ein „erkaufbarer" Genuß bei einer entsprechenden *Verkehrsauffassung* einen Vermögenswert darstelle; Ansatzpunkt sind nicht die fehlgeschlagenen Aufwendungen[65].

2. Beeinträchtigung des Reisegenusses als Vermögensschaden

Auch wenn man mit dem *BGH* dem Reisegenuß einen Vermögenswert beimißt, so ist damit noch nichts über das Vorliegen eines Vermögensschadens gesagt. Vergleicht man die Vermögenslage des Klägers nach der Beendigung der Reise mit der, die ohne zeitweiligen Verzicht auf die Koffer bestanden hätte, so ergibt sich *keine Vermögensdifferenz*; nach der Interessetheorie liegt kein Vermögensschaden vor.

---

[63] A. A. allerdings *Esser*, SchR I § 41 II 4a, der vom „generalisierenden" Frustrierungsgedanken spricht.

[64] Vgl. *Neuwald*, Diss., 101; *Werber*, AcP 173, 158 (184 FN 76); *Wiese*, 28. Nach Ansicht von *Baur* (FS L. Raiser, 135), liegt der Frustrierungsgedanke implizit der Rechtsprechung zum Entgang von Urlaub und Urlaubsfreuden zugrunde; vgl. auch *Larenz*, FG Oftinger, 156.

[65] Es ist allerdings zuzugeben, daß sich gerade in dieser Fallgruppe der Frustrierungsgedanke und der Kommerzialisierungsgedanke stark annähern, und daß vor allem die wirtschaftlichen Ergebnisse beider Ansätze in ihrer jeweiligen Ausformung praktisch dieselben sind.

Für die Bemessung des „Vermögensschadens" werden auch keinerlei rationale Kriterien angegeben. Es erscheint als zumindest erstaunlich, daß wegen derselben Beeinträchtigung *verschieden hohe* Geldbeträge für den Kläger und seine Ehefrau zugebilligt wurden[66]. Für den Ausgleich des „Vermögensschadens" der Frau sollten 200,— DM, für den des Mannes jedoch 100,— DM angemessen sein[67]!

C. Fallgruppe: Beeinträchtigung von Urlaub (Freizeit) „als solchem" als Vermögensschaden

Diese Fallgruppe bereitet heute die größten Schwierigkeiten. Die Voraussage von *Grunsky*, daß dieser Problemkreis auf einige Jahre hinaus kaum zur Ruhe kommen werde, hat sich bestätigt und hat auch heute noch ihre Gültigkeit[68]. Obwohl der *BGH*[69] in letzter Zeit auch zu diesem Thema Stellung genommen hat, bleiben noch viele Fragen offen.

Ein großer Teil der Rechtsprechung, die jetzt auch der *BGH* bestätigt hat, versucht, die bei den Kfz-Fällen und dem Seereise-Fall entwickelte Kommerzialisierungsrechtsprechung pauschal auf die Urlaubsfälle zu übertragen[70]. Während es sich jedoch bei den dort behandelten Fällen um Gebrauchs- bzw. Genußmöglichkeiten handelt, die „von der Stange" zu kaufen und die tatsächlich „vermarktet" sind, ist der Urlaub unmittelbar an die einzelne *Person* gebunden[71]. So sieht sich die Rechtsprechung auch gezwungen, bei der Fallgruppe des Urlaubs „als solchem" nach *Personengruppen* zu unterscheiden und für jede Gruppe gesondert zu prüfen, ob der Urlaub kommerzialisiert ist oder nicht. So soll der Urlaub von Arbeitnehmern und Selbständigen (Erwerbstätigen) im Ergebnis, jedoch mit verschiedener Begründung, kommerzialisiert sein, der von Schülern, Studenten, Hausfrauen, Rentnern usw. dagegen nicht!

Im folgenden wird die Rechtsprechung exemplarisch anhand von Fällen mit jeweils weiteren Nachweisen dargestellt.

---

[66] Vgl. *Neuwald*, Diss., 101 (ablehnend); a. A. *Wiese*, 32 FN 109, der diese Argumentation ausdrücklich billigt.
[67] Die ratio decidendi wird daher auch im *Sanktionsgedanken* gesehen bei *Weychardt*, Diss., 137.
[68] *Grunsky*, Aktuelle Probleme, 69.
[69] BGH NJW 1973, 747 = JZ 1973, 424 mit Anm. von *Grunsky; BGH* NJW 1975, 40 = JZ 1975, 249 mit Anm. von *Stoll*.
[70] Dazu kritisch *Grunsky*, NJW 1975, 610.
[71] Dieser Aspekt wird auch von *Stoll* (JZ 1975, 253) betont.

3. Teil: Die Rechtsprechung zu den Fallgruppen

I. Entscheidungen, die dem Urlaub „als solchem" einen Vermögenswert beimessen

1. Kommerzialisierung von Urlaubstagen eines Arbeitnehmers, dargestellt am Bungalow-Fall[72]

Der Kläger mietete einen Ferienbungalow in Spanien. Als er dort mit seiner Familie ankam stellte sich heraus, daß der Bungalow anderweitig vermietet war und sich kein Ersatz beschaffen ließ; daraufhin reiste er zurück. Er verlangte Schadensersatz für fünf *vergeudete* Urlaubstage (An- und Rückreise) mit der Begründung, Urlaubstage seien durch die das Jahr über erbrachte Arbeitsleistung „kommerzialisiert" und die Beeinträchtigung stelle daher einen in Geld meßbaren Vermögensschaden dar.

Das OLG differenzierte zwischen *Freizeit*, die keinen meßbaren Vermögenswert darstellt, und der *Urlaubszeit*. Der Urlaub eines Arbeitnehmers sei bei wirtschaftlicher Betrachtungsweise als Entgelt für die geleistete Arbeit anzusehen.

Zwar werde der Urlaub *arbeitsrechtlich*[73] nicht als Entgelt für geleistete Arbeit, sondern als Unterhaltsgewährung angesehen; entscheidend sei jedoch, daß die für den Arbeitslohn geltenden Vorschriften auch auf das Urlaubsgeld angewendet würden[74], und daß einige Urlaubsgesetze und zahlreiche Tarifverträge dem Arbeiter, der beim Ausscheiden die Wartezeit für den Urlaubsanspruch noch nicht erfüllt hat, einen Anspruch auf Teilurlaub in Höhe von 1/12 des vollen Jahresurlaubs für jeden im Betrieb verbrachten Monat zuerkennen würden[75]. Damit werde bei *wirtschaftlicher Betrachtungsweise* der Urlaub zum *Entgelt* für geleistete Arbeit. Arbeitsrechtliche Vorstellungen könnten, ähnlich wie

---

[72] *OLG Frankfurt*, NJW 1967, 1372; es handelt sich dabei um die erste Entscheidung, die sich für die Kommerzialisierung von Urlaub „als solchem" ausgesprochen hat. Dieser Entscheidung haben sich angeschlossen: BGHZ 63, 98 = JZ 1975, 249 mit kritischer Anm. v. Stoll = NJW 1975, 40; *KG* OLGZ 1969, 17 = NJW 1970, 474; *KG* MDR 1971, 1007; *OLG Köln*, NJW 1973, 1083; 1974, 561; *OLG Bremen*, VersR 1969, 929; *OLG Saarbrücken*, DAR 1965, 299; *LG Kiel*, MDR 1970, 924; *LG Hamburg*, VersR 1968, 1197; *LG Göttingen*, DAR 1966, 297; *LG München* I, MDR 1970, 925; *LG Essen*, VersR 1971, 946; *LG Wuppertal*, in *Klatt*, Fremdenverkehrsrechtliche Entscheidungen IV (1970), 189; *OLG Frankfurt*, NJW 1973, 470.

[73] Mit Hinweis auf *Nikisch*, Arbeitsrecht, 3. Aufl., 531; *Hueck-Nipperdey*, Arbeitsrecht, 7. Aufl., 432.

[74] Mit Hinweis auf *Nikisch* (542).

[75] Vgl. §§ 1 - 5, 7 IV BUrlG; ebenso *BGH* NJW 1975, 41 mit Hinweis auf *BGHZ* 59, 109 und 59, 154. Es sei auch haftungsrechtlich in der Rechtsprechung anerkannt, daß der Anspruch eines Angestellten auf bezahlten Urlaub (das Urlaubsentgelt) zu dem auf Grund des Dienstverhältnisses erzielten Erwerb gehöre, den der Geschädigte (Schädiger?) dem Dienstherrn ersetzen müsse, wenn dieser dem Angestellten während der unfallbedingten Arbeitsunfähigkeit bezahlten Urlaub gewährt habe.

C. Beeinträchtigung von Urlaub (Freizeit) „als solchem"

solche des Beamtenrechts, nicht allein maßgeblich sein, wenn Schadensauswirkungen mit zivilrechtlichen Maßstäben gemessen werden müßten. Auch sonst sei dem Recht eine selbständige, nach objektiven Gesichtspunkten erfolgende Bewertung von Vorteilen, die in der Nutzungsmöglichkeit lägen, nicht fremd. Dies ergebe sich auch aus § 346 S. 2 BGB, § 2 Abs. 1 S. 2 AbzG.

Schwierigkeiten bereitete dem OLG allerdings offensichtlich die *Berechnung* des Vermögensschadens[76]. Es kam schließlich zu dem Ergebnis, der Urlauber könne nach § 251 BGB eine Geldentschädigung in Höhe des Betrags verlangen, den er aufwenden müßte, um *zusätzliche* fünf Tage Urlaub zu nehmen. Auch hier soll sich also die Entschädigung nach dem Betrag richten, den die *Herstellung* kosten würde[77].

Dies gelte auch dann, wenn der Kläger darauf verzichte, sich fünf Tage unbezahlten Urlaub geben zu lassen[78], und wenn der Gesundheitszustand des Klägers durch die verlorenen Urlaubstage nicht beeinträchtigt sei[79].

Mit diesem Hinweis wollte das OLG offensichtlich die Bedenken, die sich aus der *Interessetheorie* ergeben, ausräumen. Der Urlauber hat nämlich nach einem „verkorksten" Urlaub keine andere Vermögensbilanz aufzuweisen[80].

2. Kommerzialisierung von Urlaubstagen eines Selbständigen, dargestellt am Rumänienreise-Fall[81]

Der Kläger buchte für sich und seine Familie eine Pauschalflugreise an die rumänische Schwarzmeerküste. Über die Unterbringung in dem vorgesehenen Hotel, die Verpflegung und die Bademöglichkeit am Strand erhob er umfangreiche Beanstandungen. Er verlangte 60 %/o der von ihm für die Pauschalreise gezahlten Vergütung als Schadensersatz. Des wei-

---

[76] So spricht noch *Danckelmann*, der der Entscheidung im Ergebnis zustimmt, davon, daß die Begründung dieser Entscheidung zum Teil nicht überzeugend sei (Palandt-Danckelmann, 27. Aufl. 1968, § 253, 3 BGB).

[77] Es wird auch darauf hingewiesen, der Geschädigte könne nach § 249 S. 2 BGB die Kosten für zusätzlichen Urlaub verlangen.

[78] Mit Hinweis auf *BGH NJW* 1963, 2020 (vorübergehende durch übermäßige, nicht zu unterbindende Einwirkung entstandene Wertminderung eines Hausgrundstücks, das weiter bewohnt wurde); *BGH NJW* 1961, 2253 (merkantiler Minderwert); *BGH NJW* 1964, 542 (Nutzungsausfall eines Pkw); *BGH NJW* 1956, 1234 (Seereise-Fall).

[79] Mit Hinweis auf *BGH NJW* 1958, 627 (Stärkungsmittel-Fall).

[80] Etwas anderes könnte nur gelten, wenn er *zusätzliche* Aufwendungen gemacht hat zur *Abwehr* des immateriellen Schadens.

[81] *BGH NJW* 1975, 40 = Revisionsentscheidung zu *OLG Hamm*, DB 1973, 2296 (das *OLG Hamm* hatte den Anspruch abgelehnt); vgl. dazu *Grunsky*, NJW 1975, 609, und die Anm. zu dieser Entscheidung von *Stoll*, JZ 1975, 252 (ablehnend).

teren verlangte er als Entschädigung für die vertane Urlaubzeit 60 %
des Betrags, den er für einen Vertreter in seiner Kleiderfabrik hätte
zahlen müssen, wenn er die Urlaubsreise wiederholt hätte.

a) Urlaub als Vermögenswert

Der VII. Senat des *BGH* vertrat die Ansicht, daß sich die zu dem Verlust der Gebrauchsmöglichkeit eines Kfz entwickelten Grundsätze „ihrem Wesensgehalt nach auch auf die Frage übertragen lassen, ob für nutzlos aufgewendete Urlaubszeit eine Entschädigung unter dem Gesichtspunkt materiellen Schadensersatzes zugesprochen werden kann"[82].

Der Senat billigte die Grundsätze, die zum Urlaub eines *Arbeitnehmers* entwickelt worden sind und fuhr fort:

„Entsprechendes gilt für einen freiberuflich Tätigen oder selbständigen Gewerbetreibenden, der sich seinen Urlaub zwar nach eigenem Ermessen selbst nehmen kann, dabei aber finanzielle Einbußen erleidet, weil in seiner Abwesenheit entweder seine Einnahmen zurückgehen oder weil er eine Ersatzkraft einstellen muß. Auch er ‚erkauft' sich den Urlaub, der gewöhnlich den gleichen Zwecken dient wie der Urlaub eines in einem Arbeitsverhältnis stehenden Arbeitnehmers. Beide Fälle verschieden zu behandeln, besteht kein Anlaß. Der ‚Kommerzialisierungsgedanke' trifft auf beide in gleicher Weise zu."

Nach herrschender *Verkehrsauffassung* sei der durch Arbeitsleistung verdiente oder durch sonstige finanzielle Aufwendungen ermöglichte Urlaub „als solcher" ein vermögenswertes Gut[83]. Man könne davon sprechen, daß „Zeit = Geld" sei, ein Gedanke, der auch in der Rechtsprechung zur Nutzungsausfallentschädigung bei beschädigten Kfz schon angeklungen sei[84].

b) Urlaubsbeeinträchtigung bzw. -vergeudung als Vermögensschaden

Ein Vermögensschaden soll immer dann vorliegen, wenn die zweckentsprechende Ausnutzung der Urlaubszeit verhindert wird. Der Senat zog hier eine Parallele zum Jagdpacht-Fall: dort sei trotz des Unfalls die Möglichkeit ungeschmälert geblieben, von dem nicht beeinträchtig-

---

[82] *BGH*, NJW 1975, 41.
[83] Der Senat hält jedoch auch hier die Möglichkeit der Wertung im Einzelfall offen. Der Urlaub habe Vermögenswert „jedenfalls dann, wenn er der Erhaltung oder Wiedererlangung der Arbeitskraft dient" (a.a.O., 41 f.). Der Senat räumt ein, daß die Gefahr der unübersehbaren Ausdehnung von Nutzungsschäden bestehe; jedoch sei der *BGH* zunehmend zurückhaltender geworden. Ausdrücklich wird noch einmal auf das Erfordernis einer entsprechenden *Verkehrsauffassung* hingewiesen. Das Vorliegen einer solchen würde u. U. geleugnet bei einem „Jet-Set-Sprung"!?
[84] Mit Hinweis auf *BGHZ* 56, 214 (216).

C. Beeinträchtigung von Urlaub (Freizeit) „als solchem"

ten Jagdausübungsrecht Gebrauch zu machen. Die an die *Person* des jeweiligen Berechtigten gebundene Urlaubszeit sei dagegen mit ihrer Zweckentfremdung unwiederbringlich vertan[85].

Von einer Zweckentfremdung könne jedoch nicht bei kleineren Beeinträchtigungen gesprochen werden, sondern nur, wenn der mit dem Urlaub verfolgte Erholungszweck *gänzlich* verfehlt werde, oder bei *schwerwiegenden* Mängeln[86]. Dann müßte die aufgewendete Urlaubszeit insoweit als „vertan" angesehen werden.

Die Schadensbemessung biete keine unüberwindbaren Schwierigkeiten. Als Richtgröße könne der Aufwand dienen, den die Beschaffung *zusätzlichen* Urlaubs erfordere.

„An die Stelle des gescheiterten Urlaubs tritt also der jeweilige *Verdienstausfall* des Arbeitnehmers oder freiberuflich Tätigen. Daß dabei der Ausgleich für entgangenen Urlaub nach Lage des Einzelfalles verschieden hoch zu bewerten sein wird, ist nichts Besonderes. Das ist auch so, wenn Verdienstausfall oder entgangener Gewinn als Schaden geltend gemacht wird. Darin zeigt sich gerade, wie eng ‚Verdienst' und Urlaub miteinander verknüpft sind, wie nahe also auch Verdienstentgang und Urlaubsausfall beieinander liegen."

3. Kommerzialisierung von Urlaubstagen eines schulpflichtigen Jungen

Der Kläger, ein schulpflichtiger Junge, konnte infolge einer ihm von dem Beklagten fahrlässig zugefügten Körperverletzung nicht an einer Ferienfreizeit am Mittelmeer teilnehmen[87].

Das Landgericht stellte sich auf den Standpunkt, daß zwischen dem Feriengenuß eines Schülers und dem Urlaubsgenuß eines Erwachsenen, den dieser sich durch vermögenswerte Aufwendungen „erkauft" habe, ein grundlegender Unterschied bestehe. Die Beeinträchtigung des Feriengenusses eines Schülers sei Einbuße in einem immateriellen, ideellen Wert. Etwas anderes könne nur dann gelten, wenn der Schüler vermögenswerte Aufwendungen für eine bestimmte Art Urlaub gemacht habe[88].

---

[85] Vgl. *Stoll* (JZ 1975, 253), der aus diesem Vergleich das Gegenteil folgert.
[86] *BGH* NJW 1975, 42.
[87] *LG Köln*, MDR 1966, 758.
[88] Das *LG* stützt sich dabei auf die Entscheidungen des *BGH* (NJW 1956, 1234) und *AG Ingolstadt* (BB 1964, 1062). Das *AG Ingolstadt* hatte den Anspruch mit der unhaltbaren Begründung abgelehnt, durch § 823 I BGB sei das Vermögen als solches nicht geschützt, nachdem es dem Urlaub einen Vermögenswert beigemessen hatte (Kommerzialisierungsgedanke). Der schädigende Eingriff erfolgte aber am Kfz des Klägers; es handelte sich insoweit um einen Folgeschaden. Vgl. zu dieser Entscheidung auch *Grunsky*, Aktuelle Probleme, 71 FN 190; *Heldrich*, NJW 1967, 1737 FN 9.

II. Entscheidungen, die die Kommerzialisierung von Urlaubstagen ablehnen

Wie schon bei der Kommerzialisierung von Gebrauchsvorteilen eines Kfz haben eine ganze Reihe von Gerichten die Kommerzialisierung von Urlaubstagen konsequent abgelehnt[89].

1. Urlaub kein Vermögenswert

Das *KG*[90] ging davon aus, daß die Arbeitsleistung, die der Kläger vor seinem Urlaub erbracht habe, als Anknüpfungspunkt für die Anerkennung des Urlaubs als Vermögenswert ungeeignet sei. „Der Arbeitnehmer erwirbt mit seiner Arbeitsleistung nur die *Freistellung* von der Arbeit im Urlaub als solcher, nicht aber einen Anspruch darauf, daß er seinen Urlaub in einer *bestimmten Form* verwirklichen kann[91]." Die Beeinträchtigung dieser Freizeit sei nicht anders zu behandeln als sonstige Freizeitbeeinträchtigungen.

Das *KG* sah zwar, daß die Beeinträchtigung von Urlaubsfreude nicht unerheblich in die Lebenssphäre des Betroffenen eingreifen kann. Der Kommerzialisierungsthese könne jedoch aus den genannten Gründen und wegen § 253 BGB nicht gefolgt werden[92].

Nach *OLG Hamm* erwirbt auch der *Unternehmer*, der sich Urlaub aufgrund seiner Dispositionsmöglichkeit als Herr des Unternehmens nimmt, nur Freizeit ohne Vermögenswert.

2. Keine rationale Bemessungsgrundlage

Das *LG Freiburg* wies darauf hin, daß es auch nicht möglich sei, einen Urlaubsschaden nach einigermaßen rationalen Kriterien zu berechnen. Selbst wenn man dem Urlaub einen Vermögenswert beimesse, läge ein Schaden, dessen Wert ohne weiteres feststellbar wäre, nur dann vor, wenn der Urlaub gänzlich entzogen sei, d. h. wenn der Geschädigte statt des Urlaubs seiner normalen Arbeit nachgehen mußte (Fall des „Totalschadens"). In den Fällen der Urlaubsbeeinträchtigung liege dagegen nur ein qualitativer Teilschaden vor. Irgendein Maßstab, wie diese Beeinträchtigung des Urlaubsgenusses zu bewerten sei, fehle aber. Es

---

[89] *KG* NJW 1972, 769; *OLG Hamm*, DB 1973, 2296; *OLG Düsseldorf*, NJW 1974, 150; *OLG Celle*, DAR 1964, 191; *LG Lörrach*, VersR 1972, 211; *LG Konstanz*, VersR 1972, 182; *LG Göttingen*, DAR 1966, 297; *AG Gelsenkirchen-Buer*, VersR 1972, 570; *LG Freiburg*, NJW 1972, 1719.

[90] *KG* a.a.O.

[91] So auch *OLG Hamm*, DB 1973, 2296; *OLG Düsseldorf*, NJW 1974, 150; *LG Freiburg*, NJW 1972, 1719; vgl. auch *Stoll*, JZ 1975, 253.

[92] Auch das *LG Freiburg* sieht ein rechtspolitisches Bedürfnis für eine rechtliche Sanktionierung von Urlaubsbeeinträchtigungen bei Vertragsverletzungen; vgl. auch *LG Essen*, VersR 1971, 946.

handle sich hier um Tatbestände, wie sie sonst für die Bemessung einer billigen Entschädigung in den Fällen des Nichtvermögensschadens typisch seien.

III. Zwischenergebnis zu den Urlaubsfällen

Als Zwischenergebnis kann festgehalten werden, daß sich der Kommerzialisierungsgedanke in den Fällen, in denen konkrete Aufwendungen für eine konkrete Urlaubsgestaltung gemacht wurden (z. B. Pauschalreise), in der Rechtsprechung praktisch durchgesetzt hat. Kennzeichnend für diese Fallgruppe sowie für die entgangenen Gebrauchsvorteile ist, daß es sich um „vermarktete" Genüsse oder um „Genüsse von der Stange" handelt, die allgemein handelbar sind.

Darin besteht jedoch auch der Unterschied zur Fallgruppe des Urlaubs „als solchem"[93]. Bei diesem handelt es sich um ein höchstpersönliches Genußrecht. „Der Urlaub ist nicht handelbar und man kann ihn nicht nach Belieben zu Geld machen[94]." Die Kommerzialisierungsrechtsprechung ist gezwungen, nach verschiedenen Personengruppen zu differenzieren und den Wert des Urlaubs vom Einkommen abhängig zu machen[95]. Der BGH hat jedoch auch beim Urlaub „als solchem" eine Korrekturmöglichkeit offengehalten: gerade wenn es sich um einen *Erholungsurlaub* handelt, der der Erhaltung und Wiedererlangung der Arbeitskraft dient, soll dieser einen Vermögenswert haben[96].

In welchem Maß die „großzügige" Rechtsprechung die Phantasie der Zeitgenossen anregt, mag ein Fall des *OLG*[97] *Köln* verdeutlichen: Wegen der Zerstörung einer Jagdtrophäe verlangte der Kläger 5 470,— DM; diese Kosten müsse er für eine erneute Reise in die Karpaten, für einen Jagdwagen, Dolmetscher, Jagdbegleiter, Abschußlizenz usw. aufwenden!

---

[93] Urlaub des Arbeitnehmers usw.
[94] *Stoll*, JZ 1975, 253.
[95] Vgl. *Stoll*, JZ 1975, 255.
[96] *BGH* NJW 1975, 41.
[97] OLGZ 1973, 7.

VIERTER TEIL

Literaturmeinungen

A. Der Kommerzialisierungsgedanke

Die Auffassung Grunskys[1]

1. Der Vermögensbegriff

Grunsky ist der Auffassung, jedes Gut, das gegen Geld erworben werden könne, habe einen Vermögenswert, folglich sei bei seinem Entzug ein Vermögensschaden anzunehmen[2]. Dabei komme es nicht darauf an, ob für das Gut ein Markt bestehe; entscheidend sei allein, ob die *Verkehrsauffassung* das Gut als Geldwert ansehe. Auf das Verhältnis der Verkehrsauffassung zur „Erkaufbarkeit" geht *Grunsky* nicht näher ein. Er scheint jedoch davon auszugehen, daß die Verkehrsauffassung einem Gut immer dann einen Geldwert beimesse, wenn dieses überhaupt erkauft werden kann[3].

Von diesem Vermögensbegriff aus kommt *Grunsky* zu einem Vermögenswert der *Nutzungsmöglichkeit* einer Sache, wenn diese Nutzungsmöglichkeit „erkauft" werden kann.

2. Fallgruppe: Entgangene Gebrauchsvorteile als Vermögensschaden

Hier unterscheidet sich die Auffassung *Grunskys* in zwei Punkten wesentlich von der des *BGH*.

Wie der *BGH* lehnt *Grunsky* im Falle der nur persönlichen Nutzungsverhinderung einen Vermögensschaden ab. Es handle sich dabei nur um einen Eingriff in die *Dispositionsfreiheit* des Betreffenden[4].

Dagegen will *Grunsky* unabhängig vom Vorliegen eines Nutzungswillens und einer Nutzungsmöglichkeit einen Vermögensschaden *immer* bejahen, wenn die *abstrakte* Gebrauchsmöglichkeit als solche vereitelt

---

[1] Da *Grunsky* den Kommerzialisierungsgedanken am konsequentesten durchführt, wird seine Auffassung hier stellvertretend für den Kommerzialisierungsgedanken in der Literatur dargestellt.
[2] *Grunsky*, Aktuelle Probleme zum Begriff des Vermögensschadens, 36.
[3] Insoweit scheint ein gewisser Unterschied zur Kommerzialisierungsrechtsprechung vorzuliegen, die im Einzelfall eine Verkehrsauffassung z. T. ablehnt, obwohl das Gut „erkauft" werden kann.
[4] Aktuelle Probleme, 42 ff. (44); ähnlich *Wiese*, 26.

A. Der Kommerzialisierungsgedanke

ist; und zwar sowohl in dem Fall, daß der Betreffende die Sache hätte nutzen können als auch in dem Fall, daß die Sache selbst *und* der Berechtigte geschädigt sind[5].

Entscheidend ist damit der *objektive* Wert der abstrakten Gebrauchsmöglichkeit, auf die Subjektbezogenheit wird verzichtet.

Weiter unterscheidet sich die Auffassung *Grunskys* im Hinblick auf die *Höhe* der Nutzungsentschädigung[6]. Die Schadensberechnung soll sich nach den fiktiven Mietwagenkosten richten. Von diesen Mietkosten seien die ersparten Eigenkosten abzuziehen. Außerdem müsse berücksichtigt werden, daß sich die Lebensdauer des Gebrauchsgegenstandes dadurch verlängere, daß er eine Zeitlang nicht benutzt werde. Dagegen wendet sich *Grunsky* gegen den Abzug des *Unternehmergewinns*[7].

3. Fallgruppe: Urlaub — Freizeit

Grunsky lehnt den methodischen Ansatz der Kommerzialisierungsrechtsprechung zur Erfassung der „Urlaubsschäden" ab. Die Parallele zum Nutzungsentgang bei Kfz-Unfällen sei unrichtig[8]. Nach seiner Ansicht sind die Urlaubsfälle unter dem Gesichtspunkt der nutzlos aufgewendeten (Reise-)Kosten und unter dem Gesichtspunkt der vergeudeten *Freizeit* zu erfassen.

Grunsky kommt jedoch auf anderem Weg zu ähnlichen Ergebnissen wie die Kommerzialisierungsrechtsprechung. Nach seiner Ansicht können zunächst all die Fälle aus seinem weiten Vermögensbegriff gelöst werden, bei denen der Reisende konkrete *Aufwendungen* auf die Urlaubsreise gemacht hat. Aus diesem Vermögensbegriff folgt, daß auch die Urlaubsreise als vermögenswertes Gut gilt[9]. Hat der Reisende nicht mehr rückgängig zu machende Aufwendungen gemacht, so liegt ein in Geld ersetzbarer Vermögensschaden vor, wenn infolge des schädigenden Ereignisses der Genuß der geschuldeten Gegenleistung ausbleibt. Die Höhe des Anspruchs bestimmt sich nach den nutzlos gemachten Aufwendungen[10].

---

[5] Aktuelle Probleme, 37 ff. (42); insoweit gegen *BGH; Wiese*, 24 f.; vgl. jedoch auch *Neuner*, AcP 133, 309.

[6] Aktuelle Probleme, 46 ff.; auch bei Miete eines billigeren Wagens soll der Geschädigte einen Anspruch auf Geldentschädigung in Höhe der Differenz der Mietpreise erhalten! Dagegen *BGH* NJW 1967, 552.

[7] So auch *Wiese*, 29; insoweit gegen *BGHZ* 45, 212 (219).

[8] *Grunsky*, NJW 1975, 610; *Grunsky* wendet sich vor allem dagegen, daß die Urlaubszeit „erkauft" sei.

[9] Aktuelle Probleme, 84.

[10] Später weist *Grunsky* im Anschluß an *Baur* (FS L. Raiser, 125 f., 136 f.) auf die notwendige Differenzierung zwischen Vertrags- und Deliktsrecht bei der Bestimmung eines in Geld ersetzbaren Schadens hin, NJW 1975, 610 FN 5.

Ein Anspruch sei jedoch bei *kleineren* Beeinträchtigungen *nicht* gegeben; bei erheblichen Beeinträchtigungen sei entscheidend, ob diese in Geld meßbar seien[11].

Eine Differenzierung zwischen Urlaubszeit und Freizeit lehnt *Grunsky* ab. Der arbeitsrechtliche Urlaubsanspruch sei nicht Gegenleistung für erbrachte Arbeit, sondern eine von vornherein bestehende *Beschränkung der geschuldeten Arbeitsleistung*; die Urlaubszeit werde also nicht „erkauft"[12].

Jedoch kann nach *Grunsky* die *Freizeit* als Vermögenswert relevant werden[13]. Ausgangspunkt ist die Überlegung, daß die *Arbeitskraft* eines Menschen Vermögenswert habe. Da zum Umsetzen von Arbeitskraft in Geld Zeit erforderlich sei, sei der Verlust von Zeit identisch mit dem Verlust einer Chance, Geld zu verdienen. Darauf, daß der Betreffende auch tatsächlich vorhatte, in der Freizeit Geld zu verdienen, soll es *nicht* ankommen! Entscheidend soll sein, wieviel der Betreffende unter *optimaler* Ausnutzung seiner Arbeitskraft hätte verdienen können[14].

Da die Möglichkeit des Geldverdienens nach der persönlichen Qualifikation sehr unterschiedlich sein könne, gebe es keinen „Einheitspreis" für die verlorene Freizeit.

Ein Vermögensschaden soll allerdings nur dann vorliegen, wenn die Freizeit effektiv verloren ist; werde jedoch nur der „Freizeitwert", das heißt die Möglichkeit, die Freizeit in einer bestimmten Weise zu verbringen, beeinträchtigt, liege kein Vermögensschaden vor[15].

Die Auffassung von *Grunsky* ist insofern weiter als der Betreffende Schadensersatz auch dann erhält, wenn es sich um „reine" Freizeit handelt, andererseits aber auch enger, weil ein Anspruch nur dann gegeben sein soll, wenn die Freizeit *effektiv verloren* ist[16].

---

[11] *Grunsky*, Aktuelle Probleme, 84; das sei im Seereise-Fall zu Recht bejaht worden; ein Schiffsurlaub, bei dem die Mitnahme von Gepäck ausgeschlossen sei, koste weniger als eine Reise ohne diese Einschränkung. Mit Recht betont *Medicus* (§ 33 III 2b), daß ein solcher Urlaub „kaum denkbar" sei.

[12] *Grunsky*, NJW 1975, 610.

[13] Ausführlich in Aktuelle Probleme, 76 ff.; dagegen die h. M.: vgl. *OLG Celle*, MDR 1964, 413 = DAR 1964, 190; *BAG* NJW 1968, 221; *OLG Köln*, MDR 1971, 215; *Bötticher*, VersR 1966, 303; *Heldrich*, NJW 1967, 1737; *BGHZ* 54, 50 ff.

[14] Voraussetzung ist, der Geschädigte hätte *tatsächlich* die Möglichkeit gehabt, Geld zu verdienen (78). Konsequenterweise müßte z. B. eine Ärztin, die üblicherweise nur ihren Haushalt besorgt, bei zurechenbarem Verlust von Freizeit soviel liquidieren können, wie sie bei *optimalem* Einsatz als Ärztin verdient hätte!

[15] JZ 1973, 426; NJW 1975, 611; diese Beeinträchtigungen könnten nur im Rahmen des § 847 BGB geltend gemacht werden.

[16] Für den *BGH* reicht auch eine *Beeinträchtigung* des Urlaubs aus, NJW 1975, 42.

Grunsky räumt ein, daß es sich um eine *reine Wertungsfrage* handele, die eines „juristischen Beweises" kaum zugänglich sei[17]. Sein Ziel scheint letztlich ein Ausbau des *Persönlichkeitsschutzes* in Form eines Ausbaus des Schutzes der Arbeitskraft, „die für die weitaus meisten Menschen die finanzielle Grundlage für ihre Existenz bildet". Darauf deutet auch der von ihm angeführte Beispielsfall hin, mit Hilfe dessen gezeigt werden soll, daß es zu einer nicht zu vertretenden unterschiedlichen Behandlung von Eigentum und Arbeitskraft führe, wenn man die Arbeitskraft nicht als Vermögenswert anerkenne[18].

B. Der Frustrierungsgedanke

I. Die Entwicklung des Frustrierungsgedankens

Das Problem der Anerkennung nutzloser Aufwendungen als Vermögensschaden wurde bereits 1907 bei *von Tuhr* behandelt. *von Tuhr* kam zu dem Ergebnis, eine Aufwendung gelte nachträglich als Vermögensschaden, wenn der Zweck, zu dessen Erreichung man eine Vermögensausgabe gemacht habe, vereitelt worden sei[19].

In der *neueren Literatur* wurde der Ansatz *von Tuhrs* wieder bei der Frage des Schadensersatzes für die entgangene Nutzungsmöglichkeit eines Kfz aufgegriffen[20] und unter der Bezeichnung „Frustrierungsgedanke"[21] gegen die Kommerzialisierungsrechtsprechung ins Feld geführt. Im Anschluß an *von Tuhr* wurde es abgelehnt, der Gebrauchsmöglich-

---

[17] Aktuelle Probleme, 76.
[18] JZ 1973, 426; JZ 1975, 40; NJW 1975, 610. Vgl. zu dem Problemkreis: entgangene Arbeitskraft bzw. -leistung jedoch auch *BGHZ* 54, 45; *Baur*, FS L. Raiser, 127 f.; *Larenz*, VersR 1963, 312; *Lieb*, JZ 1971, 358; *E. Schmidt*, Athenäum Zivilrecht 1, 561; *Stoll*, JZ 1971, 396 f.
[19] *von Tuhr*, Der AT des Deutschen Bürgerlichen Rechts, Bd. I § 18 II, 320 FN 33a; KrVJSchr Bd. 47, 63 (65); Schw. Obl. Recht I, AT § 12 II 3; ebenso in der von *Peter* neubearbeiteten 2. Aufl. (1974), 84.
[20] Zunächst von *Löwe*, VersR 1963, 307 f.; *Larenz*, VersR 1963, 312.
[21] Die Bezeichnung taucht — soweit ersichtlich — erstmals auf bei *Bötticher*, VersR 1966, 301 (302 FN 3). Für den Ersatz nutzloser Aufwendungen als Vermögensschaden: *Beck-Mannagetta*, ZVerKR 1969, 281 ff.; *Deutsch*, Haftungsrecht, 446 f.; *Esser*, SchR I § 41 II 4a (277), § 42 IV 2 (290); *Kreß*, SchR AT, 281 f.; *Larenz*, Nutzlos gewordene Aufwendungen als ersatzfähige Schäden, FG Oftinger, 151 ff.; ders., SchR I § 29 II c (348); ders., VersR 1963, 312; *E. Schmidt*, Athenäum Zivilrecht 1, 572 ff.; ders., Zivilrechtlicher Grundkurs für Studienanfänger, 76 ff.; ders., in Fallsammlung Esser/Schmidt/Köndgen, 113; *von Tuhr*, a.a.O.; *Mertens*, Der Begriff des Vermögensschadens im Bürgerlichen Recht, 159.
Ablehnend: *Askenasy*, Gruch. Beitr. Bd. 70, 373 (383); *Baur*, FS L. Raiser, 134 ff.; *Keuk*, Vermögensschaden und Interesse, 241 ff.; dies., VersR 1976, 403; *Landwehrmann*, Diss., 40 ff.; *Medicus*, Bürgerliches Recht, § 33 III 2c; *Neuner*, AcP 133, 277 (289 FN 46); *Stoll*, JuS 1968, 504 (507); ders., JZ 1971, 593 ff.; ders., JZ 1975, 253; ders., Begriff und Grenzen des Vermögensschadens, 19; ders., JZ 1976, 282; *Werber*, AcP 173, 158, 174; *Weyers*, Der Begriff des Vermögensschadens im deutschen Recht, 37 ff. (46, 55); *Wiese*, Der Ersatz des

keit einen selbständigen Vermögenswert beizumessen; der Geschädigte wurde auf den anteiligen Ersatz der Generalunkosten verwiesen.

Der Frustrierungsgedanke wird auch zur Lösung des Seereise-Falls herangezogen[22]; hier dürfte jedoch der Unterschied zum Kommerzialisierungsgedanken am geringsten sein. Weiter ist der Frustrierungsgedanke beim Jagdpacht-Fall diskutiert worden, bei dem jedoch selbst die Anhänger dieser Auffassung zu verschiedenen Ergebnissen kommen.

Schließlich wurde der Frustrierungsgedanke herangezogen bei der Frage, ob für die entgangene Nutzungsmöglichkeit einer Schwimmhalle Schadensersatz zu leisten sei.

In der *Literatur* ist eine starke Tendenz zum Frustrierungsgedanken festzustellen, dagegen ist die *Rechtsprechung* bisher eher zurückhaltend. Während es der VI. Zivilsenat des *BGH* im Jagdpacht-Fall noch dahingestellt sein ließ, „ob solcher Sicht überhaupt zu folgen ist", wurde der Frustrierungsgedanke später grundsätzlich gebilligt vom III. Zivilsenat des *BGH*[23].

II. Versuche einer dogmatischen Einordnung

Nach geltendem Recht umfaßt der einem bestimmten Ereignis zuzurechnende Schaden allgemein nur diejenigen Einbußen, welche dieses Ereignis *ausgelöst* hat[24]. Daraus folgt, daß Aufwendungen, die *vor* dem schädigenden Ereignis liegen, grundsätzlich nicht als Schaden ersatzfähig sind, da sie durch das schädigende Ereignis nicht veranlaßt, sondern lediglich im Nachhinein entwertet worden sind.

In der Literatur werden dennoch verschiedene Ansätze zur dogmatischen Einordnung der nutzlosen Aufwendungen als Schäden vertreten.

1. Von Tuhr

von Tuhr zieht zur Unterstützung seiner Ansicht die Lehre vom *negativen Interesse* heran[25]. Auch im Falle der Irrtumsanfechtung (§§ 119 ff. BGB) würden z. B. Aufwendungen des Käufers, die dieser für den

---

immateriellen Schadens, 28; *Zeuner*, AcP 163, 393 ff.; gegen den FG nunmehr auch *Larenz* in seiner 11. Aufl. des SchR I (1976), 396 - 399.

Vermittelnd: *Bötticher*, VersR 1966, 302 (309 f.); *Löwe*, VersR 1963, 307; *ders.*, NJW 1964, 704; *Reinecke*, Schaden und Interesseneinbuße, 171 ff.; *Steindorff*, AcP 158, 431 (458); *ders.*, JZ 1964, 423.

[22] Vgl. *Löwe*, VersR 1963, 311 f. einerseits und *Larenz*, VersR 1963, 313 andererseits.

[23] *BGH* NJW 1973, 747 = VersR 1973, 441; vgl. dazu *Stoll*, Begriff und Grenzen des Vermögensschadens, 19 FN 42. Neuestens ist der *BGH* zurückhaltender, vgl. *BGH* JZ 1976, 278, 279; dazu *Stoll*, JZ 1976, 282 l. Sp.

[24] *Esser*, SchR I § 44 I; *Zeuner*, AcP 163, 394.

[25] *von Tuhr*, KrVJSchr Bd. 47, 66; vgl. dazu die Kritik von *Zeuner*, AcP 163, 394.

B. Der Frustrierungsgedanke

Vertragsschluß und den Transport aufgewendet habe, nachträglich zum Schaden.

Dieser Gedanke wird später noch insofern konkretisiert, als *von Tuhr* die nutzlosen Aufwendungen nicht mehr mit dem Vermögensschaden gleichsetzt, sondern die Ansicht vertritt, die Aufwendungen *gelten* nachträglich als Schaden.

von Tuhr diskutiert das Problem der nutzlos gewordenen Aufwendungen anhand der Beispielsfälle[26] der Entziehung einer unübertragbaren bzw. übertragbaren Theaterkarte und der Beschädigung der „Katzen der alten Jungfer, die keinen Vermögenswert haben".

Bleibe der Betroffene bei der Entziehung eines unübertragbaren Freibilletts zu Hause, habe er vielleicht einen Genuß entbehrt, aber keinen Vermögensschaden erlitten. Habe er sich ein (Ersatz-)Billett gekauft, so bestehe sein Schaden in der Ausgabe, zu der er durch den Verlust des Billetts veranlaßt und dem Schuldigen gegenüber berechtigt gewesen sei.

Bei Entzug eines unübertragbaren (bezahlten) Theaterbilletts bestehe der Schaden darin, daß die Ausgabe, die ursprünglich durch den Konsumtionszweck gerechtfertigt war, nachträglich durch Vereitelung zwecklos geworden sei. *Eine Aufwendung gelte nachträglich als Schaden, wenn der Zweck, zu dessen Erreichung sie vorgenommen war, wegfalle.*

Auch im „Katzenfall" lasse sich ein Schaden begründen, der den Anschaffungskosten gleichkomme:

„Der Eigentümer kann seinen Schaden darin finden, daß die Aufwendungen, die er zum Erwerb einer an sich wertlosen Sache gemacht hat, durch das schuldvolle Eingreifen eines Dritten für ihn nutzlos geworden sind. Diese Aufwendungen verwandeln sich nachträglich, durch Vereitelung ihres Zwecks, in Schaden[27]."

Bemerkenswert ist, daß sich *von Tuhr* überhaupt nur mit solchen Fällen beschäftigt hat, in denen der Eingriff an einem *Gegenstand* erfolgt ist, für den Aufwendungen gemacht wurden. *von Tuhr* hat sich dagegen nicht mit dem Problem der *persönlichen* Nutzungsverhinderung befaßt, z. B. mit dem Fall, daß nicht die Theaterkarte selbst entzogen wird, sondern der Inhaber z. B. durch Körperverletzung am Besuch der Veranstaltung gehindert wird mit der Folge, daß die Karte verfällt. Gerade die Fälle aber, bei denen nicht ein Gegenstand beschädigt, sondern der Betreffende persönlich verhindert wird oder sonst der „er-

---

[26] KrVJSchr, a.a.O.; AT des Deutschen Bürgerlichen Rechts, Bd. I § 18 II, 320 FN 33a.
[27] *von Tuhr*, KrVJSchr Bd. 47, 65.

kaufte" Genuß beeinträchtigt ist, stellen später das Hauptproblem des Frustrierungsgedankens dar.

2. Löwe

Löwe[28] räumt ein, daß diese Auffassung nicht mit der Differenztheorie zu vereinbaren sei, schon weil der Kausalzusammenhang zwischen schädigendem Ereignis und Schaden fehle. Aus *Billigkeitsgründen*[29] sei es jedoch angebracht, die zwecklos gewordenen Aufwendungen *wie* einen Vermögenschaden zu behandeln; eine „gewisse Aufweichung" der Differenztheorie sei in Kauf zu nehmen.

Den Vorteil dieser Auffassung sieht *Löwe* darin, daß sie eine exakte Unterscheidung zwischen Vermögens- und Nichtvermögensschäden ermögliche und daß damit weiter am subjektiven Schadensbegriff festgehalten werde.

Löwe will den Frustrierungsgedanken jedoch offensichtlich auf solche Fälle beschränken, bei denen konkrete Aufwendungen für einen konkreten Gegenstand gemacht wurden. Er lehnt daher die Seereiseentscheidung ab. Nur solche Aufwendungen, die speziell für die Gebrauchsmöglichkeit während der Reise gemacht worden seien (also Aufwendungen z. B. für die Beförderung des Koffers oder für die Anschaffung von Garderobe, die nur für diese Reise geeignet und gedacht war), sollen ersatzfähig sein; der *Genuß der Reise* dagegen erhalte dadurch, daß er durch Aufwendungen erkauft wurde, *keinen* Vermögenswert. *Löwe* lehnt damit die Möglichkeit einer „Teilfrustration" von Aufwendungen ab.

3. Larenz

Larenz[30] knüpft an die Formulierung *von Tuhrs* an, eine Aufwendung *gelte* als Schaden, wenn der Zweck, zu dessen Erreichung sie vorgenommen wurde, wegfalle.

Den Schaden definiert *Larenz* als *unfreiwillige* Einbuße, der er die freiwilligen Aufwendungen gegenüberstellt[31]. Diese freiwilligen Aufwendungen können nach *Larenz*, da freiwillig erbracht, kein Schaden sein. Jedoch versucht *Larenz* mit Hilfe einer *Analogie* nachzuweisen, daß die frustrierten Aufwendungen „gleich wie ein Schaden" zu behandeln seien[32].

---

[28] *Löwe*, VersR 1963, 307 (310 ff.); *ders.*, NJW 1964, 701 (704).
[29] VersR 1963, 310; unter dem Eindruck der Ausführungen von Larenz (VersR 1963, 312 ff.) versucht *Löwe* seine Auffassung mit einer Analogie zu begründen; dazu zieht er den Gedanken des § 1298 Abs. 1 BGB heran, wo auch Aufwendungen, die sich nachträglich als zwecklos herausstellen, als Schaden behandelt werden (NJW 1964, 704).
[30] *Larenz*, VersR 1963, 312; *ders.*, FG Oftinger, 152 ff.; *ders.*, SchR I § 29 II c.
[31] *Ders.*, SchR I § 29 II c.
[32] *Ders.*, VersR 1963, 313.

Larenz versucht eine Ähnlichkeit zwischen Schaden und frustrierten Aufwendungen herzustellen, indem er bei den Aufwendungen das „anfänglich vorhandene Moment der Freiwilligkeit der Aufwendungen *nachträglich* in Frage" stellt. Das sei deshalb berechtigt, weil die Aufwendungen in der sicheren Erwartung des durch sie erkauften Vorteils gemacht würden. Sie stellten eine effektive Vermögensminderung dar, die nach der Wertung des Vermögenssubjekts durch ein (selbst nicht dem Vermögen zuzuzählendes) Äquivalent aufgewogen würden, das nun hinweggefallen sei[33]. Eine *nutzlose* Aufwendung habe der Geschädigte jedoch nicht machen wollen. Dadurch, daß die Aufwendung nunmehr nutzlos werde, er sie aber nicht mehr rückgängig machen könne, sei er gewissermaßen zu etwas „genötigt", was nicht in seiner Willensrichtung lag, nämlich zu einer nutzlosen Aufwendung. In diesem Moment des nachträglichen „Genötigtseins" zu etwas, was man so nicht gewollt habe, liege die Gemeinsamkeit, die eine Analogie mit der unfreiwilligen Einbuße, eben dem Schaden, rechtfertige. Zwecklos gewordene Vermögensaufwendungen seien also, weil freiwillig erbracht, kein Schaden, aber *gleichwie* ein Schaden anzusehen, weil sie als zwecklose nicht gewollt waren und nicht gemacht worden seien[34].

Ein *Kausalzusammenhang* bestehe hier zwar nicht zwischen dem die Ersatzpflicht begründenden Ereignis und der Vermögensminderung, das heißt der Aufwendung, wohl aber zwischen diesem Ereignis und dem *Fortfall des Äquivalents*, durch den die Vermögensaufwendung nachträglich den Charakter eines „Schadens" erhalte. Dieser Kausalzusammenhang sei auch in den meisten Fällen ein „adäquater". Die Höhe des Schadens bemesse sich nach der nutzlos gemachten Aufwendung[35].

4. Eike Schmidt

Schmidt[36] räumt ein, daß die nutzlosen Aufwendungen nicht als Folge des haftbar machenden Vorfalls betrachtet werden können. Auch sehe es so aus, als ob die Vermögensbilanz des Betroffenen vor und nach dem Verletzungsereignis einander gleichgeblieben sei, sich also keine Differenz ergeben habe. Jedoch sei es nicht der Vermögensverlust als solcher, der zum Schaden gestempelt werden solle, sondern das Ausbleiben des Äquivalents, das als Kompensationsfaktor relevant werden könne.

Einen *gesetzlich anerkannten Fall des Frustrierungsgedankens* sieht *Schmidt* in der Regelung des „Austauschgeschäfts": Wer Geld hingebe, um sich einen Gegenstand, einen Genuß etc. zu „erkaufen", könne, falls

---

[33] *Ders.,* FG Oftinger, 161.
[34] *Ders.,* VersR 1963, 313.
[35] *Ders.,* FG Oftinger, 161.
[36] *E. Schmidt,* Athenäum Zivilrecht 1, 572 f.

die versprochene Leistung pflichtwidrig ausbleibe, bei seinem Partner zumindest den nutzlos aufgewendeten Betrag als Schaden liquidieren. Mache der Gläubiger im Vertrauen auf den Erhalt der Leistung noch weitere Aufwendungen (z. B. Reisekosten zwecks Abholung der Sache, zwecks Besuchs einer Veranstaltung etc.), könne er deren Ersatz gleichfalls verlangen.

Schmidt sieht zwar, daß diese Fälle „durch die synallagmatische Verknüpfung von Leistung und Gegenleistung besonders hervorgehoben" sind, folgert aber, daß ein Grund für *abweichende* Behandlung in Fällen deliktischer Schädigung *nicht ersichtlich* sei, da der Geschädigte in beiden Fällen die Aufwendungen praktisch „abschreiben" müsse.

Nach *Schmidt* sind daher frustrierte Aufwendungen grundsätzlich als Vermögensschaden anzuerkennen.

III. Begrenzungskriterien

Wegen der *Subjektbezogenheit*[37] des Schadensbegriffs gehen die Vertreter des Frustrierungsgedankens davon aus, daß auch die Aufwendungen zu ersetzen seien, die durch *persönliche Nutzungsverhinderung* nutzlos werden. Dies soll jedoch nicht ausnahmslos gelten, da eine zu weite Ausdehnung der Schadensersatzpflicht „höchst unerwünscht wäre"[38].

Nach *Larenz* ist die Grenze zwischen den erstattungsfähigen und den nichterstattungsfähigen Aufwendungen so zu ziehen, daß man unterscheidet zwischen dem Aufwand für die normale Lebenshaltung, der zu den *laufenden* Ausgaben zählt, und dem *besonderen* Aufwand für einen einzelnen bestimmten Zweck, wie etwa für eine Reise oder für einen bestimmten Kunstgenuß[39].

Mertens[40] will von einer „Vermögensfunktionsstörung" nur dann sprechen, wenn „das Subjekt ein Lebensziel konkret ergriffen und zu seiner Erreichung Mittel in einer Weise eingesetzt hat, daß diese *ausschließlich* an dieses Ziel gebunden und nicht mehr für andere Zwecke verfügbar sind". Anders soll es nach *Mertens* sein, wenn lediglich „allgemein die Möglichkeiten des Lebensgenusses anhand der vorhandenen Vermögensgüter infolge einer Störung des subjektiven Bereichs herabgesetzt sind".

---

[37] *Esser*, SchR I § 41 II 4a; *Larenz*, FG Oftinger, 162; *E. Schmidt*, Athenäum Zivilrecht 1, 573.
[38] *Larenz*, FG Oftinger, 163.
[39] *Larenz*, a.a.O.; ihm folgt *E. Schmidt*, Athenäum Zivilrecht 1, 573. Er interpretiert die Begrenzungskriterien jedoch offenbar anders als *Larenz*, da er im Jagdpacht-Fall einen Anspruch bejaht (Fallsammlung, 113).
[40] *Mertens*, 160.

B. Der Frustrierungsgedanke

Esser nimmt zur Frage der Begrenzungskriterien nicht Stellung. Es ist denkbar, daß er mit Hilfe der Regeln über den *Rechtswidrigkeitszusammenhang* bzw. *Schutzzweck der Norm* den Begriff der Frustrierung im Einzelfall konkretisieren will[41].

Daß die Vertreter des Frustrierungsgedankens aufgrund dieser Abgrenzungskriterien im Einzelfall jedoch nicht ohne weiteres zu denselben Ergebnissen kommen, läßt sich am besten am Jagdpachtfall zeigen, wo *Esser/Schmidt/Köndgen* einen ersatzfähigen Frustrierungsschaden annehmen, *Larenz* und *Mertens* dagegen einen solchen sicher verneinen würden[42]!

IV. Die Schadensberechnung

Als Argument für den Frustrierungsgedanken wird angeführt, daß mit dem Ansatz bei den fehlgeschlagenen Aufwendungen eine *rationale Bemessungsgrundlage* in Form der tatsächlich gemachten oder weiterhin zu machenden Aufwendungen gegeben sei[43].

Die Anwendung des Frustrierungsgedankens bereitet jedoch dann offensichtlich Schwierigkeiten, wenn der Betroffene (Frustrierte) tatsächlich gar *keine* Aufwendungen gehabt oder ein besonders *günstiges* (ungünstiges) Geschäft gemacht hat.

Zu denken ist an die Fälle, daß jemand eine Theaterkarte oder eine Reise *geschenkt* erhalten oder z. B. in einem Preisausschreiben gewonnen hat. Oder daß der Betroffene eine Reise, die bei den meisten Reisebüros 2 000,— DM kostet, bei der teureren Konkurrenz für 2 500,— DM gebucht hat (umgekehrt: der Betroffene hat eine Reise besonders günstig gebucht)[44].

Den Fall der geschenkten Theaterkarte versucht *Larenz*[45] mit der *Drittschadensliquidation* zu lösen. Den Frustrierungsschaden erleide nicht der Verletzte selbst, sondern der Schenker. Da der Schenker jedoch den Gegenwert seiner Aufwendung in Gestalt des Besuchs der Vorstellung unentgeltlich zuwenden wollte, brauche ihm hier der Be-

---

[41] *Esser*, SchR I § 41 II 4a; die Folgerung, die *Werber* (AcP 173, 179 FN 65) daraus zieht, erscheint als kaum berechtigt (*Esser* wolle *keine* Begrenzung vornehmen); vgl. zum RWZ *Bötticher*, VersR 1966, 311 FN 50 und *Steindorff*, JZ 1964, 423.

[42] *Esser/Schmidt/Köndgen*, Fallsammlung, 113; *Larenz* hat, soweit ersichtlich, zum Jagdpacht-Fall *nicht* Stellung genommen, aus seinen Beispielen für die Abgrenzungskriterien geht jedoch wohl hervor, daß er einen Frustrierungsschaden abgelehnt hätte. Davon geht auch der *BGH* in der Jagdpachtentscheidung aus und bezieht sich ausdrücklich auf *Larenz* (NJW 1971, 798).

[43] *Larenz*, FG Oftinger, 169.

[44] z. B. von jemand, der kurzfristig zurücktreten mußte.

[45] *Larenz*, FG Oftinger, 168.

schenkte seinen Anspruch nicht abzutreten, sondern könne den geleisteten Ersatz für sich behalten.

Esser versucht diese Probleme durch die Einführung einer „*Generalisierung*" des Frustrierungsgedankens zu lösen[46]. Im Theaterkartenbeispiel liege der Vermögensschaden in den vergeblichen Aufwendungen, die zum Erwerb von Eintrittskarten etc. gemacht zu werden *pflegen*. Woher jemand seine Vermögenswerte (!) bezogen habe, ob aus günstigen Gelegenheitskäufen, freigebigen Zuwendungen Dritter, Erbschaften etc., *gehe den Schädiger nichts an*. Ebenso, ob der Betreffende die Karte überhaupt verwenden wollte.

Damit entfernt sich *Esser* jedoch erheblich von dem eigentlichen Ausgangspunkt des Frustrierungsgedankens und nähert sich — jedenfalls vom Ergebnis her — dem Kommerzialisierungsgedanken an. Maßgeblich sollen nicht mehr die individuellen tatsächlich gemachten Vermögensaufwendungen sein, sondern was in der Regel für solche Genüsse bezahlt wird, also der *Marktpreis*.

V. Die Schadensminderungspflicht

Von den Anhängern des Frustrierungsgedankens wird teilweise ausdrücklich die Pflicht des Geschädigten, den Frustrierungsschaden möglichst klein zu halten, betont.

So ergibt sich nach *Larenz*[47] für den Geschädigten u. U. die Pflicht, im Falle der Beschädigung eines Kfz dieses bei langer Reparaturdauer abzumelden.

Von größerer praktischer Bedeutung sind die Fälle, in denen der Geschädigte nur *persönlich* verhindert ist. Hier weist *Larenz* darauf hin, daß der Geschädigte aus dem Gesichtspunkt des § 254 II BGB gehalten sei, z. B. die gelöste Schiffs- bzw. Flugkarte zurückzugeben, wenn dies noch möglich sei, und den Frustrierungsschaden möglichst gering zu halten.

Nach *Eike Schmidt*[48] muß sich der Verletzte, wenn zu erwarten ist, daß die Nutzungsmöglichkeit durch persönliche Nutzungsverhinderung längere Zeit ausgeschlossen ist, unter Umständen um „Weitergabe" bemühen. Unterlasse er dies, werde ihm das angerechnet, was er aus dem brachliegenden Nutzungsobjekt unter zumutbaren Anstrengungen finanziell hätte erzielen können (Gedanke des § 987 II[49]).

---

[46] *Esser*, SchR I § 41 II 4a.
[47] *Larenz*, FG Oftinger, 164; ebenso *Löwe*, VersR 1963, 311.
[48] *E. Schmidt*, Athenäum Zivilrecht 1, 574.
[49] Vgl. zu diesem Gedanken auch *Zeuner*, AcP 163, 391.

B. Der Frustrierungsgedanke

VI. Die Lösung der Fallgruppen nach dem Frustrierungsgedanken

1. Fallgruppe: Entgangene Gebrauchsvorteile als Vermögensschaden

Hier gehen die Anhänger des Frustrierungsgedankens davon aus, daß der Geschädigte lediglich den Ersatz der *Generalunkosten* verlangen könne. Streitig ist, welche Beträge berücksichtigt werden sollen. *Esser* und *Schmidt* wollen bei Kfz die anteiligen Versicherungskosten, Steuern, Garagenmiete, Verzinsung und Abschreibung des Anlagekapitals berücksichtigen[50]. *Larenz* und *Löwe* lehnen die Berücksichtigung der Verzinsung und Abschreibung des Anlagekapitals ab; da die Gebrauchsmöglichkeit nachgeholt werden könne, ergebe sich insoweit lediglich eine *zeitliche Verschiebung* der Benutzung[51].

Bei lediglich persönlicher Nutzungsverhinderung lehnen die Vertreter des Frustrierungsgedankens einen Schaden ab, da es sich bei den Generalunkosten um laufende Aufwendungen handele[52].

2. Fallgruppe: Urlaubs-/Freizeitgenuß, für den Aufwendungen gemacht wurden, als Vermögensschaden

Die Anhänger des Frustrierungsgedankens lösen den Seereise-Fall im Ergebnis ebenso wie der *BGH*[53].

Für die Anhänger des Frustrierungsgedankens handelt es sich hier nicht um ein besonderes Problem der Urlaubs- oder Freizeitfälle, sondern ganz allgemein um die Frage der Ersatzfähigkeit nutzloser Aufwendungen[54].

Der Unterschied zur vorigen Fallgruppe besteht darin, daß dort bestimmte Aufwendungen für einen (Gebrauchs-)Gegenstand gemacht werden; beim Entzug dieser Gebrauchsmöglichkeit handelt es sich um eine „Totalfrustration", es sind also die *vollen* gebrauchsunabhängigen Generalunkosten zu ersetzen.

In der vorliegenden Fallgruppe handelt es sich dagegen nicht um Aufwendungen, die für einen bestimmten Gegenstand gemacht werden, sondern der Genuß[55] als solcher wird durch Aufwendungen „erkauft"[56].

---

[50] *Esser*, SchR I § 41 II 4a; *E. Schmidt*, Athenäum Zivilrecht 1, 586, der jedoch bei der Schadensberechnung auch berücksichtigen will, daß das Fahrzeug entsprechend länger genutzt werden kann.

[51] *Löwe*, VersR 1963, 311.

[52] *Mertens*, 159 FN 59; vgl. zu diesem Aspekt des Frustrierungsgedankens *Grunsky*, NJW 1975, 610 FN 3, 611 FN 9.

[53] Zustimmend *Larenz*, VersR 1963, 313; ders., FG Oftinger, 156; *Esser*, SchR I § 42 IV 2 und § 42 IV 3d.

[54] Vgl. auch *Grunsky*, NJW 1975, 609.

[55] Besser die *Möglichkeit* zum Genuß.

[56] Das gilt auch für die Fälle, wo die Berechtigung in Form einer Eintrittskarte erkauft wird. Die Eintrittskarte selbst ist nicht Gegenstand des Genusses (*Esser*, SchR I § 41 II 4a).

Auch hier ist eine *„Totalfrustration"* denkbar; hätte der Reisende im Seereise-Fall z. B. durch Verkehrsunfall das Schiff nicht erreicht, so müßte er nach dem Frustrierungsgedanken den vollen Reisepreis ersetzt erhalten[57]. In der Regel handelt es sich hier aber um Fälle der „Teilfrustration", das heißt der Betreffende kann die „erkaufte" Genußmöglichkeit nicht in vollem Umfang ausnutzen[58].

Für die Anhänger des Frustrierungsgedankens ist es dabei gleichgültig, ob sich die Frustration aus deliktischer Schädigung oder aus Vertragsverstoß ergibt.

3. Fallgruppe: Urlaub (Freizeit) „als solcher" als Vermögensschaden

Urlaub „als solcher" wird regelmäßig nicht mit geldlichen Aufwendungen erkauft. Die Anwendung des Frustrierungsgedankens auf Urlaub „als solchen" ist daher — soweit ersichtlich — auch noch nicht vertreten worden. Der Frustrierungsgedanke könnte jedoch auch hier „fruchtbar" gemacht werden:

a) Wenn z. B. ein *Selbständiger* sich den Urlaub durch Einstellung einer *Aushilfskraft* ermöglicht, könnte man darin eine entsprechende Aufwendung sehen. Würde nun dieser Urlaub durch zurechenbares Verhalten eines Dritten „vergeudet", so könnte man einen Frustrierungsschaden in Höhe der Kosten für die Aushilfskraft annehmen[59].

Man könnte jedoch noch einen Schritt weitergehen und auch dann von einem Frustrierungsschaden sprechen, wenn der Betreffende keine Aushilfskraft eingestellt hat; die Aufwendung könnte hier in dem *Verzicht auf Unternehmergewinn* gesehen werden. Wird dieser Verzicht auf Unternehmergewinn nachträglich zwecklos, so könnte man auch hier von einem Frustrierungsschaden sprechen.

b) Denkbar wäre es auch, in der *Arbeitsleistung* eines Arbeitnehmers eine Aufwendung zu sehen, mit der dieser einen Anspruch auf Urlaub erwirbt. Würde dieser Urlaub „vergeudet", so könnte man darin eine *„Teilfrustration"* der das Jahr über erbrachten Arbeitsleistung sehen[60].

---

[57] Es handelt sich dabei sicher um einen „besonderen Aufwand für einen bestimmten Zweck" (*Larenz*).

[58] Die Höhe des Frustrierungsschadens wird durch Schätzung ermittelt (*Esser*, SchR I § 42 IV 2).

[59] Vgl. auch *Landwehrmann*, Diss., 41.

[60] Der Einwand von *Landwehrmann* (Diss., 41), da die geleistete Arbeit nicht speziell für den beeinträchtigten Urlaub aufgewandt wurde, entfalle ein Schadensersatzanspruch wegen Vergeblichkeit der Arbeitsleistung, wäre für die Anhänger des Frustrierungsgedankens sicher kein schlagendes Argument. Landwehrmann geht irrigerweise davon aus, daß die Anhänger des Frustrierungsgedankens nur eine „Totalfrustration" berücksichtigen (Diss., 43). Dieses Mißverständnis beruht auf einer Fehlinterpretation von *Larenz* (FG Oftinger, 164); dort geht es um die Abgrenzung der besonderen Aufwendungen für einen einmaligen, bestimmten Zweck, von den allgemeinen Aufwendungen.

c) Eine Ausweitung des Frustrierungsgedankens auf diese Fälle ist noch nicht vertreten worden, erscheint aber für die Zukunft durchaus denkbar. Und zwar sowohl für die Fälle, bei denen der Urlaub tatsächlich völlig „vergeudet" wurde, als auch für die Fälle, bei denen lediglich eine schwere Beeinträchtigung vorliegt. Die Schadensschätzung würde sich z. B. an den Aufwendungen für die Ersatzkraft, dem entgangenen Gewinn oder am (anteiligen) Wert der erbrachten Arbeit orientieren.

Soweit ein solcher Frustrierungsschaden bei Urlaub „als solchem" jedoch abgelehnt wird, heißt das nicht, daß der Geschädigte leer ausgeht. *Esser*[61] will dem Kläger im Bungalow-Fall anscheinend einen Anspruch aus § 249 S. 2 BGB zubilligen.

C. Der Funktionsschadensbegriff

I. Der Vermögensbegriff bei Mertens[62]

Mertens gewinnt seinen *Vermögensbegriff*, indem er vom Doppelsinn des Worts Vermögen ausgeht. Auf der einen Seite bedeute Vermögen soviel wie Fähigkeit, Macht, Kapazität, also das, was jemand „vermag" (potentia); dieser subjektiven Schattierung stehe auch eine objektive gegenüber, nämlich die *gegenständliche* Habe. Während die Anhänger der Interessetheorie den Aspekt der gegenständlichen Habe betonen und damit von einem „objektiv-summativen" Vermögensbegriff ausgehen, betont *Mertens* seinen besonderen Aspekt als *Potential* und fordert eine *subjektiv-funktionale* Betrachtungsweise. *Mertens* begreift das Vermögen als in einem ständigen Wandlungsprozeß zwischen Investition und Desinvestition befindlich; dabei finde es seine Einheit nur in der Vermögensperson, zu deren Zwecken es eingesetzt sei. Nach seiner Auffassung steht im Zentrum der Regelung des Vermögensschadens nicht der Gegenstand, sondern die Person. Auch dort, wo Vermögensgegenstände momentan nicht vom Prozeß der Lebensentfaltung des Vermögenssubjekts ergriffen, nicht in bestimmte aktuelle Dispositionen einbezogen seien, verlören sie ihren subjektiven Bezug nicht; denn sie dienten dem Individuum immerhin als ein *aktivierbares Reservoir* und erfüllten damit die Funktion einer allgemeinen Gewährleistung sozialer Sicherheit und gegenständlicher Sicherung eines Spielraums, in dem das Vermögenssubjekt in der Wahl seiner Zwecke frei sei[63].

---

[61] *Esser*, SchR I § 41 II 4a, 276 FN 26; vgl. auch *E. Schmidt*, Athenäum Zivilrecht 1, 565.
[62] *Mertens*, 121 ff.
[63] *Mertens* bezieht sich dabei auf Hegels Ausführungen über die Grundstruktur des „Eigen". *Hegel* sieht den gedanklichen Ansatz zur Erfassung der Region des Eigen, der den Menschen zugerechneten Güterwelt, in der menschlichen Freiheitssphäre selbst, Rechtsphilosophie §§ 44 - 46; vgl. dazu jedoch auch *Larenz*, FG Oftinger, 160 f.

II. Der Begriff des Vermögensschadens bei Mertens[64]

Aus seinem sehr weiten Vermögensbegriff leitet *Mertens* verschiedene Erscheinungsformen des Vermögensschadens ab.

1. Die Vermögensgutsbeeinträchtigung

a) Im Falle einer Vermögensgutsbeeinträchtigung unterscheidet *Mertens* zwischen dem *Substanzinteresse* und dem *Ausfallwert* des beeinträchtigten Guts bis zur Wiederherstellung oder -beschaffung[65].

Für die Berechnung des Substanzinteresses sei der Beschaffungswert maßgeblich; das Substanzinteresse sei ohne Rücksicht auf die konkrete Durchkreuzung einer Nutzung des Vermögensträgers zu ersetzen[66].

Der durch die Beschädigung einer Sache entstehende Ausfallwert ergebe sich aus jeder in Geld schätzbaren Beeinträchtigung subjektiver Zwecke. Damit sei auch die Entziehung der Gebrauchsmöglichkeit einer Sache, soweit diese sich in Geld beziffern lasse, Vermögensschaden. Die Gebrauchsmöglichkeit wird nicht als selbständiges Vermögensgut angesehen[67]; in der Entziehung der Gebrauchsmöglichkeit wird vielmehr eine Störung der Vermögensfunktion des beschädigten Gebrauchsgegenstands gesehen[68]. Daß diese Funktionsstörung ein Vermögensschaden ist, folgt nach *Mertens* daraus, daß der Gegenstand schadensrechtlich nicht um seiner faktischen Existenz, sondern um seiner subjektiven Funktion willen geschützt wird.

b) Tritt die Beeinträchtigung jedoch nicht durch Eingriff in die gegenständliche Gütersphäre, sondern durch einen *Ausfall* des genießenden *Subjekts* ein, so ist die Beziehung zwischen Subjekt und Vermögensobjekt nach *Mertens* lediglich in der subjektiven Sphäre beeinträchtigt. Hier könne weder von einer Minderung des individuell gegenwärtigen Sachwerts, noch von einem vermögensbezogenen Ausfallwert gesprochen werden, da dieser eben nicht ausfalle[69].

2. Vermögensfunktionsstörung in Form fehlgeschlagener Aufwendungen

Ausgehend von seinem weiten Vermögensbegriff sieht *Mertens* Aufwendungen, die zur Erreichung eines bestimmten Zwecks gemacht wer-

---

[64] Hier sollen nur die Vermögensgutsbeeinträchtigung und die Vermögensfunktionsstörung im Sinne der fehlgeschlagenen Aufwendungen behandelt werden, da sich dabei die Berührungspunkte zum Frustrierungs- bzw. Kommerzialisierungsgedanken ergeben.
[65] *Mertens*, 156.
[66] *Mertens*, Kapitel über objektiven „Schadenskern", 139 ff.
[67] Wie in der Kommerzialisierungsrechtsprechung.
[68] *Mertens*, 157.
[69] Ein Vermögensschaden könne sich lediglich unter dem Gesichtspunkt der fehlgeschlagenen Aufwendungen ergeben (158).

den, als schwebende Vorleistung im Sinne Schmalenbachs, nicht als abgeschlossenen Verlust an Vermögenswerten[70]. Verfehle die Ausgabe den Zweck, so liege eine Störung dieses Nutzungsprozesses vor, die bei subjektiv-funktionaler Betrachtungsweise noch unter den Begriff des Vermögensschadens einzuordnen sei.

Von einer Vermögensfunktionsstörung kann jedoch nach *Mertens* nur dann die Rede sein, wenn das Subjekt ein Lebensziel *konkret* ergriffen und zu seiner Erreichung Mittel in der Weise eingesetzt hat, daß diese *ausschließlich* an dieses Ziel gebunden und nicht mehr für andere Zwecke verfügbar sind (Beispiel: verfallende Theater- oder Flugkarte)[71]. Würden dagegen nicht konkrete Vermögensdispositionen gestört, an die gewisse Mittel unwiederbringlich fixiert sind, sondern allgemein die Möglichkeit des Lebensgenusses anhand der vorhandenen Vermögensgüter infolge einer Störung des subjektiven Bereichs herabgesetzt, so könne man nicht vom Fehlschlagen von Aufwendungen sprechen, weil sie als Potential bedeutsam blieben[72]. Mit Hilfe der Kriterien der unmittelbaren konkreten Zweckbeziehung und der Irreparabilität der Vermögensaufwendung will *Mertens* eine klare Grenze zwischen Vermögens- und Nichtvermögensschäden ziehen[73].

3. Die Soziabilitätsschranke

Durch seinen sehr weiten Begriff des Vermögensschadens ist *Mertens* jedoch gezwungen, eine Möglichkeit zur Begrenzung der Schadensersatzpflicht im Einzelfall vorzusehen, um offensichtlich unbillige Ergebnisse vermeiden zu können.

In § 254 II BGB sieht *Mertens* nicht nur die Statuierung einer Pflicht oder Obliegenheit zur Abwehr der Schadensfolgen, sondern er entwickelt aus dieser Norm eine Soziabilitätsschranke[74], die die Schadenssphäre von der Privatsphäre abgrenzen soll. Dabei betreffe § 254 II BGB nicht nur die Schadensminderung, sondern die Schadensbegrenzung selbst! Die Soziabilitätsschranke wird durch eine umfassende *Güter- und Interessenabwägung* durch den Richter anhand des konkreten Einzelfalls festgelegt[75]. Soweit die Reaktion des Geschädigten jenseits dieser Grenze liege, sei sie Privatsache des Geschädigten und belaste den Schädiger nicht.

---

[70] *Mertens*, 159.
[71] Es soll keine Rolle spielen, ob der Inhaber das Gut tatsächlich gegen Geld erlangt hat (154 FN 42).
[72] Vgl. oben I (Der Vermögensbegriff bei Mertens).
[73] *Mertens*, 160.
[74] *Mertens*, 174. Der Gedanke ist aufgenommen bei *Esser*, SchR I § 42 I, 283.
[75] *Mertens*, 179.

§ 254 BGB wird als Ausdruck dessen gewertet, daß der in § 249 BGB zugrundegelegte Schadensbegriff in gewisser Hinsicht durch § 242 BGB zu konkretisieren sei[76].

III. Die Lösung der Fallgruppen nach dem Funktionsschadensbegriff

1. Fallgruppe: Entgangene Gebrauchsvorteile

a) Durch sachgerichteten Eingriff

Beim Entzug der Nutzungsmöglichkeit eines Kfz will *Mertens* die üblichen Mietwagenkosten *ohne* Abzug des Unternehmergewinns zubilligen[77]. Dabei handele es sich um den Ersatz des vermögensbezogenen Ausfallwerts. Dieser lasse sich in der Regel anhand der fiktiven Mietwagenkosten bestimmen. Als Anhaltspunkt könnten auch die Aktivierungskosten dienen[78].

Auf einen konkreten Nutzungswillen soll es nicht ankommen, da der Schaden schon in der Verkürzung des subjektiven Spielraums liege[79]. Dagegen sei ein Vermögensschaden dann nicht gegeben, wenn die Nutzung für den Kläger nach seinen konkreten Umständen ausgeschlossen sei[80]. Für den Fall, daß das schädigende Ereignis gleichzeitig Sachbeschädigung und Gesundheitsverletzung verursacht hat, schließt sich *Mertens* Wiese (25) an mit dem Hinweis auf die Differenzhypothese! Der Schädiger solle nicht entlastet werden[81].

Ein Vermögensschaden wird für die Fälle verneint, bei denen es dem Geschädigten zugemutet werden kann, auf den Gegenstand (Pkw) zu verzichten (Soziabilitätsschranke)[82].

b) Durch persönliche Nutzungsverhinderung

In diesen Fällen könnte sich nach *Mertens* ein Vermögensschaden lediglich unter dem Gesichtspunkt der *fehlgeschlagenen Aufwendungen*

---

[76] *Mertens*, 179.

[77] *Mertens*, 214 FN 34; dort läßt *Mertens* es dahingestellt, ob der Anspruch aus § 249 S. 2 BGB oder aus § 251 Abs. 1 BGB herzuleiten ist. — Es ist also nicht korrekt, wenn *Mertens* pauschal als Vertreter des Frustrierungsgedankens eingestuft wird, weil er *auch* unter anderem fehlgeschlagene Aufwendungen als Schaden behandelt. Nicht ganz zutreffend ist der Funktionsschadensbegriff von *Mertens* daher bei *Werber* (AcP 173, 178) und *Neuwald* (Diss., 110) erfaßt. Diese gehen davon aus, daß *Mertens* die Kfz-Fälle unter dem Gesichtspunkt der fehlgeschlagenen Aufwendungen behandelt. Ähnlich *Detlefsen*, 50.

[78] *Mertens*, 159 FN 59.

[79] *Mertens*, 215 FN 36.

[80] *Mertens*, 215; anders, wenn der Gegenstand durch Dritte, z. B. Familienmitglieder mitbenutzt werde (FN 37).

[81] *Mertens*, 215 FN 37.

[82] *Mertens*, 184.

ergeben. Bei dem Einsatz von Gebrauchsaktivierungskosten wie Kfz-Steuer und Haftpflicht-Versicherung oder Rundfunk- und Fernsehgebühren handele es sich jedoch lediglich um die Schaffung künftiger Möglichkeiten der Lebensgestaltung, nicht schon um deren Festlegung im Sinne einer konkreten Zweckbeziehung. Daher seien solche Aktivierungskosten im Fall der persönlichen Nutzungsverhinderung *nicht* zu ersetzen[83].

2. Fallgruppe: Urlaub — Freizeit

Nach *Mertens* haben Urlaub und Freizeit keinen Vermögenswert, da sie nicht der Gegenstandssphäre, sondern dem personalen Bereich angehören[84]. Auch bei der im Reisebüro gekauften „Reise von der Stange" handele es sich nur um eine subjektive Verhaltensmöglichkeit. Ein Vermögensschaden könne sich nur unter dem Gesichtspunkt der Vermögensfunktionsstörung durch fehlgeschlagene Aufwendungen ergeben. Dabei sollen nur Aufwendungen berücksichtigt werden, mit denen „das Subjekt ein Ziel konkret ergriffen hat und die ausschließlich an dieses Ziel gebunden und nicht mehr für andere Zwecke verfügbar sind"[85]. Dabei sei es gleichgültig, ob das Ereignis, das den Aktivierungsprozeß einer Ausgabe mißlingen lasse, in der Vermögenssphäre oder in der immateriellen Sphäre einsetze[86].

Mertens müßte daher sowohl im Seereise-Fall als auch im Jagdpacht-Fall zu demselben Ergebnis kommen wie der *BGH* und die Vertreter des Frustrierungsgedankens[87].

D. Die Bedarfslehre

I. Der Bedarfsschaden

Ausgangspunkt für *Zeuner*[88] ist die Tatsache, daß der Geschädigte bei Körperverletzung und Sachbeschädigung den zur Herstellung erforderlichen Geldbetrag verlangen kann, bevor er selbst irgendwelche Aufwendungen gemacht hat, und daß er den gemäß § 249 S. 2 BGB gezahlten Geldbetrag nicht tatsächlich zur Herstellung verwenden muß[89].

---

[83] *Mertens*, 159 FN 59; nicht zutreffend daher *Larenz*, FG Oftinger, 158.
[84] *Mertens*, 151 ff.
[85] *Mertens*, 160.
[86] *Mertens*, 157 FN 53.
[87] Mit Ausnahme von *Esser/Schmidt/Köndgen*, Fallsammlung, 113.
[88] *Zeuner*, AcP 163, 380, 394 ff.; ihm folgt anscheinend *Medicus*, Bürgerliches Recht, § 33 III 2 c aa; vgl. auch *Zeuner*, Gedanken zum Schadensproblem, Gedächtnisschrift für Dietz, 99 ff.
[89] Ganz herrschende Meinung: *BGH*, VersR 1969, 907; *Esser*, SchR I § 41 II 3b; *Larenz*, SchR I § 28 I; *Medicus*, Bürgerliches Recht § 33 III 1; *Wiese*, 7.

Ein in Geld zu ersetzender Vermögensschaden entsteht nach *Zeuner* in Fällen dieser Art nicht erst mit tatsächlichen Aufwendungen des Geschädigten, sondern damit, daß Aufwendungen überhaupt notwendig werden, daß ein *Wertbedarf* entsteht[90]. „Bedarf" im Sinne *Zeuners* ist nichts anderes als *gedanklich vorverlegte Aufwendungen,* an die sich die Vorstellung des materiellen Schadens knüpft[91].

Die These vom „Bedarfsschaden" stützt *Zeuner* auf eine Stelle der Protokolle[92] und die Rechtsprechung des *BGH* zum Stärkungsmittel-Fall[93], bei dem dem Verletzten die Kosten eines ärztlich verordneten Stärkungsmittels zugebilligt wurden, obwohl dieser sich das Mittel aus Geldmangel nicht hatte beschaffen können. Außerdem sieht *Zeuner* seine Ansicht, daß schon der eingetretene Bedarf einen Vermögensschaden darstelle, im Gesetz in § 843 BGB vorgebildet.

II. Die Lösung der Fallgruppen nach der Bedarfslehre

1. Fallgruppe: Entgangene Gebrauchsvorteile als Vermögensschaden

Beim Nutzungsausfall eines Kfz entsteht nach *Zeuner* ein Wertbedarf in Höhe der Kosten eines Mietwagens. Die vom Schädiger im voraus gezahlten Mietkosten müsse der Geschädigte auch hier nicht für die tatsächliche Miete eines Ersatzwagens verwenden[94]. Verzichte der Geschädigte darauf, dem Bedarf nachzugeben, und miete er keinen Ersatzwagen an, so dürfe das den Schädiger nicht entlasten; die darin liegende Entscheidung sei vielmehr als eine *private Disposition zugunsten des eigenen Vermögens* zu verstehen[95]. Daraus, daß der Geschädigte nicht gezwungen ist, die erhaltenen Mittel zweckgebunden zu verwenden, folgert *Zeuner,* daß es keinen Grund gebe, die Dinge prinzipiell anders zu behandeln, wenn der Schadensfall erst später geregelt werde, zu einem Zeitpunkt, da Herstellung nicht mehr möglich sei. Der Geschädigte soll den Herstellungsbetrag in Form der fiktiven Mietwagenkosten auch dann verlangen können, wenn Herstellung überhaupt nicht mehr möglich sei,

---

[90] *Zeuner,* a.a.O., 395; vgl. auch *Möller,* Summen- und Einzelschaden, 78; *Bruck-Möller,* VVG Anm. 78, S. 89; *Bötticher,* VersR 1966, 303, spricht zur Verdeutlichung von einem dem Schädiger aufgedrängten Passivum.

[91] *Bötticher,* VersR 1966, 303; *Werber,* AcP 173, 168.

[92] *Mugdan* II, 1112.

[93] *BGH* NJW 1958, 627.

[94] AcP 163, 396.

[95] AcP 163, 396; dagegen *Werber,* AcP 173, 171, der ausführt, daß man — unter der Prämisse einer individuellen Bedarfsprüfung — in den Fällen, wo der Betroffene trotz persönlicher Gebrauchsfähigkeit keinen Ersatzwagen miete, nur schließen könne, daß eben überhaupt kein Bedarf entstanden sei; *Bötticher* (306) fragt kritisch, ob aus der Unterlassung der tatsächlichen Anmietung eines Ersatzwagens auf die Wahl eines Geldentschädigungsanspruchs geschlossen werden könne.

D. Die Bedarfslehre

weil der Geschädigte z. B. seinen in der Zwischenzeit reparierten Pkw wieder zurück habe.

Einen Abzug des Unternehmergewinns lehnt *Zeuner* mit Hinweis auf den Sanktionsgedanken ab[96].

Die Gebrauchsbeeinträchtigung soll jedoch nicht *automatisch* einen geldmäßigen Bedarf zur Beschaffung eines entsprechenden Ersatzes zur Folge haben. Ein Bedarf soll dann nicht entstehen, wenn sich die Benutzung ohne wesentliche Belastung des Geschädigten verschieben läßt oder wenn im Hinblick auf § 254 II BGB ein völliger Verzicht zumutbar erscheint[97]; ebenso in den Fällen, bei denen der Geschädigte nur persönlich an der Nutzung verhindert wird, die Gebrauchsmöglichkeit als solche jedoch weiter besteht. Die Entscheidung, ob im Einzelfall ein Bedarf tatsächlich vorliegt, soll danach erfolgen, was „angesichts der gegebenen individuellen Lage als sachgemäß und vernünftig erscheint"[98]. Außerdem soll zugunsten des Geschädigten eine gewisse „Generalisierung" und „Typisierung" der Bedarfsentscheidung in den Fällen erfolgen, in denen ein üblicherweise im Verkehr beschaffbarer Ersatz im konkreten Fall praktisch nicht zu beschaffen ist[99].

2. Fallgruppe: Urlaubs-/Freizeitgenuß, für den Aufwendungen gemacht wurden, als Vermögensschaden

Auch den Seereise-Fall erfaßt *Zeuner* mit der Bedarfstheorie. Der Schaden bestehe hier in den Aufwendungen, die der Geschädigte machen müsse, um sich Ersatz für die entbehrten Kleider zu beschaffen, und zwar für Miete oder unter Umständen für Kauf und spätere Veräußerung. Es soll dabei nicht darauf ankommen, ob überhaupt die tatsächliche Möglichkeit der ersatzweisen Beschaffung bestanden hat, sondern es soll zugunsten des Geschädigten typisiert werden, das heißt der Geschädigte soll den Betrag erhalten, der allgemein aufgewendet werden müßte[100].

---

[96] AcP 163, 397.
[97] AcP 163, 398.
[98] AcP 163, 398; *Zeuner* gibt zu, daß damit auch ein „spürbares Maß an Unbestimmtheit" verbunden ist.
[99] Einen Hinweis dafür sieht *Zeuner* in §§ 288, 849 BGB; diese Entscheidung ist folgerichtig bei konsequenter Durchführung des *Sanktionsgedankens* und Betonung des Interesses des Geschädigten.
[100] AcP 163, 399; vgl. auch *Nörr*, der den Seereise-Fall über die entgangene Gebrauchsmöglichkeit der Kleider lösen will und keinen Bezug zum Gesamtreisearrangement herstellt (AcP 158, 8 FN 38); im Seereise-Fall war es für den Geschädigten, der sich „auf hoher See" befand, wohl tatsächlich unmöglich, Ersatzkleider zu mieten oder zu kaufen!

3. Fallgruppe: Beeinträchtigung von Urlaub (Freizeit) „als solchem" als Vermögensschaden

Auch in Fällen, in denen Urlaub „als solcher" vergeudet wurde, muß man bei Anwendung der Bedarfslehre konsequenterweise einen Bedarfsschaden in Höhe der Kosten eines *zusätzlichen* Urlaubs anerkennen.

Dieser Gedanke, der auch in der Rechtsprechung hilfsweise[101] herangezogen wird, beruht jedoch auf der gänzlich ungeklärten Prämisse, daß der Geschädigte im Falle der „Vergeudung" von Urlaubstagen unter dem Gesichtspunkt der *Herstellung* tatsächlich auf Kosten des Schädigers einen „Ersatzurlaub" nehmen darf.

Es sind zwei Formen der „Herstellung" denkbar: Der Schädiger kann zum einen für den fraglichen Zeitraum eine Ersatzkraft zur Verfügung stellen (§ 249 S. 1 BGB), zum anderen kann er den für eine Ersatzkraft erforderlichen Geldbetrag bezahlen (§ 249 S. 2 BGB)[102]. Selbst wenn man jedoch einen so weiten Herstellungsbegriff vertritt ist zu bedenken, daß der Herstellungsanspruch in Geld (§ 249 S. 2 BGB) nach herrschender Meinung akzessorisch ist zum Herstellungsanspruch gemäß § 249 S. 1 BGB[103]; das heißt, daß in all den Fällen, wo Herstellung nicht möglich ist (z. B. wird einem Beamten kein Sonderurlaub eingeräumt), auch der Anspruch gemäß § 249 S. 2 BGB ausscheidet.

Die Bedarfslehre geht also von einem sehr weiten Herstellungsbegriff aus; außerdem wird die enge Bindung des Herstellungsanspruchs in Geld (§ 249 S. 2 BGB) an die tatsächlich vorhandene Herstellungs*möglichkeit* abgelehnt, und statt dessen der Herstellungsanspruch in Geld (§ 249 S. 2 BGB) in Form eines *Bedarfsschadens* verfestigt.

Problematisch wird auf jeden Fall die Abgrenzung zwischen den Fällen, wo nur eine *Beeinträchtigung* vorliegt und den Fällen des *„Totalschadens"*. Eine solche Abgrenzung ist aber deshalb notwendig, weil der Herstellungsanspruch nur den Inhalt haben kann, daß der Geschädigte *vollständig* von der Arbeit freigestellt wird. Wie wären aber die Fälle zu entscheiden, bei denen nur eine *erhebliche Beeinträchtigung* festgestellt werden kann; soll der Geschädigte nach der Bedarfslehre hier leer ausgehen, oder soll auch hier in der Form typisiert werden, daß z. B. bei erheblicher Beeinträchtigung eines siebentägigen Urlaubs, der aber doch noch einen gewissen Erholungswert hatte, dem Geschädigten die Kosten eines dreitägigen „Ersatzurlaubs" zugebilligt werden?

---

[101] *OLG Frankfurt*, NJW 1967, 1373.

[102] Der gem. § 249 S. 2 BGB gezahlte Geldbetrag muß nicht tatsächlich zur Herstellung verwendet werden.

[103] *Bötticher*, VersR 1966, 305; *Esser*, SchR I § 41 II 3b; *E. Schmidt*, Athenäum Zivilrecht 1, 567; *Keuk*, Vermögensschaden und Interesse, 219 ff.; *Larenz*, SchR I § 28 I.

E. Vergleichende Betrachtung der wirtschaftlichen Ergebnisse der dargestellten Ansätze

Bei der Darstellung der verschiedenen Meinungen in Rechtsprechung und Literatur stellte sich heraus, daß die Vertreter dieser verschiedenen Ansätze vor allem Hinweise auf die „uferlose Ausweitung der Schadensersatzpflicht"[104], die „Sozialisierung" von Schäden[105], die gefährlich „abschüssige Bahn"[106] oder den „drohenden Dammbruch"[107] usw., also letztlich Hinweise auf die *wirtschaftlichen Auswirkungen* der jeweiligen schadensrechtlichen Auffassung gegeneinander ins Feld führen.

Vor allem die Vertreter des *Frustrierungsgedankens* erheben diese Vorwürfe gegen den Kommerzialisierungsgedanken und weisen auf die klare Orientierung des Frustrierungsgedankens an den konkreten, *tatsächlich* gemachten Aufwendungen hin[108].

Es bietet sich daher an, eine Einordnung der hier dargestellten Ansätze und ihrer Varianten auch anhand der *wirtschaftlichen Ergebnisse*, die jeweils aus ihnen folgen, vorzunehmen. Man sollte annehmen, daß vor allem die Ansätze, die von der primären Ausgleichsfunktion[109] (natürlicher Schadensbegriff) des Schadensrechts ausgehen, zu Ergebnissen führen, die den Schädiger eher entlasten als die Ansätze, die den Schadensbegriff objektiv oder nach rechtlichen Kriterien und Bewertungen (normativer Schadensbegriff) bestimmen[110].

I. Fallgruppe: Entgangene Gebrauchsvorteile als Vermögensschaden

Bei dieser Frage sind sich alle genannten Autoren einig, daß der Betroffene eine Entschädigung erhält, wenn er sich ohne Ersatz behilft. Die Kommerzialisierungsrechtsprechung bleibt hier jedoch relativ flexibel, weil sie eine entsprechende Verkehrsauffassung im Einzelfall ablehnen kann[111].

Verschieden sind die Ansichten jedoch in bezug auf die Höhe der Entschädigung. Zum Teil werden unter konsequenter Durchführung des

---

[104] *Larenz*, FG Oftinger, 169.
[105] *E. Schmidt*, Normzweck und Zweckprogramm, 154.
[106] *Larenz*, FG Oftinger, 169.
[107] *Werber*, AcP 173, 159.
[108] Vgl. vor allem *E. Schmidt*, Normzweck und Zweckprogramm, 153 ff.; ders., Athenäum Zivilrecht 1, 562; *Larenz*, FG Oftinger, 169.
[109] So vor allem *Esser*, SchR I § 40 II; *E. Schmidt*, Athenäum Zivilrecht 1, 469 ff.; ausführlich *Mertens*, 93 ff.
[110] Trotz der „Subjektbezogenheit" wird der Schaden in der Rechtsprechung des *BGH* nach *normativen* Kriterien bestimmt.
[111] Vgl. Motorboot-Fall; die Vertreter des Frustierungsgedankens hätten wohl auch hier eine Entschädigung zubilligen müssen. *Mertens* könnte hier mit der Soziabilitätsschranke „helfen".

Sanktionsgedankens die vollen Mietwagenkosten ohne Abzug des Unternehmergewinns zugebilligt[112]. Diese Ansicht hat sich jedoch in der Praxis und auch in der Literatur nicht durchgesetzt.

Zu einander sehr ähnlichen Ergebnissen kommen die Vertreter des Frustrierungs- und des Kommerzialisierungsgedankens. Während der Geschädigte nach dem Frustrierungsgedanken nur Ersatz für die gebrauchsunabhängigen Generalunkosten verlangen kann, billigt der *BGH* noch zusätzlich einen „maßvollen Aufschlag" zu[113].

Zu verschiedenen Ergebnissen kommen die Vertreter des Frustrierungs- und Kommerzialisierungsgedankens jedoch teilweise bei Fällen der persönlichen Nutzungsverhinderung. Während die Vertreter des Kommerzialisierungsgedankens im Jagdpachtfall einen Anspruch klar ablehnen, billigen zumindest *Esser/Schmidt/Köndgen* dem Verletzten auch hier eine Entschädigung zu.

II. Fallgruppe: Urlaubs-/Freizeitgenuß, für den Aufwendungen gemacht wurden, als Vermögensschaden

Auch in dieser Frage sind sich alle genannten Autoren einig, daß der Geschädigte eine Entschädigung verlangen kann.

In den Fällen der „Totalfrustration" gibt es für die Vertreter des Frustrierungsgedankens und des Kommerzialisierungsgedankens keine Schwierigkeiten: es werden die Aufwendungen in voller Höhe ersetzt[114]. Zu demselben Ergebnis dürfte auch *Mertens* mit seinem Funktionsschadensbegriff kommen[115]; ebenso *Zeuner*, der wohl auch hier einen Bedarfsschaden in Höhe der Kosten für eine neue Reise anerkennen würde.

In den Fällen der „Teilfrustration" ist die Lage wesentlich schwieriger: hier sind sowohl die Vertreter des Frustrierungs- wie auch des Kommerzialisierungsgedankens letztlich auf eine Schätzung nach billigem Ermessen angewiesen. Die Autoren, die auch diese Fälle über die entgangenen Gebrauchsvorteile lösen wollen, haben es mit der Schadensberechnung (scheinbar) leichter[116].

---

[112] *Grunsky*, Aktuelle Probleme, 48; *Mertens*, 214 FN 34; *Wiese*, 29; *Zeuner*, AcP 163, 397.

[113] Vgl. dazu oben III. Teil, FN 31.

[114] Vgl. den Hinweis von *Larenz*, FG Oftinger, 156.

[115] *Mertens*, 158 ff.

[116] Hier stört wohl vor allem die Konsequenz, daß die Entschädigung dieselbe sein soll, ob es sich um eine Reise für 1 000,— DM oder für 5 000,— DM handelt.

III. Fallgruppe: Beeinträchtigung von Urlaub (Freizeit) „als solchem" als Vermögensschaden

Für den Kommerzialisierungsgedanken ist diese Frage grundsätzlich geklärt. Der irgendwie „erkaufte" Urlaub hat Vermögenswert. Die Höhe des Ersatzanspruchs richtet sich nach den Kosten für zusätzlichen (unbezahlten) Urlaub.

Eine Lösung nach dem Frustrierungsgedanken ist noch nicht ausdrücklich vertreten worden. Jedoch erscheint es denkbar, daß auch hier der Verzicht auf Unternehmergewinn oder die tatsächlichen Aufwendungen für eine Ersatzkraft während des „vergeudeten" Urlaubs bzw. die das Jahr über erbrachte Arbeitsleistung eines Arbeitnehmers als Aufwendungen im Sinn des Frustrierungsgedankens angesehen werden. Die Vertreter des Frustrierungsgedankens, die dieser Variante des Frustrierungsgedankens nicht folgen, scheinen die Urlaubsfälle über § 249 S. 2 BGB zu lösen und sich damit der Bedarfslehre anzunähern[117].

Streitig ist hier vor allem die Frage, ob eine Entschädigung oder die Bereitstellung von Mitteln für einen Ersatzurlaub nur bei völlig „vergeudetem" Urlaub erfolgen soll, oder ob auch „Teilschäden" ersetzt werden sollen, wie das vor allem der *BGH*[118] vertritt. Dagegen spricht sich eindeutig *Grunsky*[119] aus; auch diejenigen, die diese Fälle mit § 249 S. 2 erfassen wollen, dürften wohl nur im Fall des „Totalschadens" diese Konsequenz ziehen[120].

IV. Schlußfolgerungen

Bei einer vergleichenden Betrachtung der dargestellten Meinungen ergibt sich, daß sich diese zwar vom Ansatz und von der Begründung her zum Teil ganz erheblich unterscheiden; im Hinblick auf die wirtschaftlichen Ergebnisse bei den in der Praxis eigentlich wichtigen Fällen sind die Unterschiede jedoch relativ geringfügig!

Gerade die in Rechtsprechung und Literatur relevanten Ansätze (Kommerzialisierungs- und Frustrierungsgedanke) kommen weitgehend zu denselben Ergebnissen. Das nimmt den Vertretern des Frustrierungsgedankens einiges an Überzeugungskraft, wenn sie die Kommerzialisierungsrechtsprechung des *BGH* wegen einer unerträglichen Ausweitung des Schadensbegriffs ablehnen. Diese Bedenken mochten eine Überzeugungskraft haben gegen die Zubilligung der *vollen fiktiven* Mietwagenkosten; in der Zwischenzeit ist die Differenz zu den Generalunkosten

---
[117] *Esser*, SchR I § 41 II 4a, 276 FN 26; *E. Schmidt*, Athenäum Zivilrecht 1, 565.
[118] *BGH* NJW 1975, 42.
[119] *Grunsky*, NJW 1975, 611.
[120] Vgl. jedoch auch *Ellrich*, Diss., 80 ff.

jedoch deutlich zusammengeschrumpft[121]! Völlig unverständlich erscheint es, wenn hier auf der einen Seite darauf hingewiesen wird, daß diese Nutzungsentschädigung auf dem Rücken der Mehrheit der Versicherungsnehmer „sozialisiert"[122] werde, auf der anderen Seite befürwortet wird, die Versicherungen sollten einem Jagdpächter eine Entschädigung von 13 000,— DM für seine Frustration auszahlen[123]! Diese Fälle werden zugegebenermaßen nicht ebenso häufig vorkommen, dafür handelt es sich aber doch um ganz andere Beträge!

Für die Rechtsprechung läßt sich feststellen, daß Komerzialisierungs- und Frustrierungsgedanke nicht als sich gegenseitig ausschließende Ansätze gesehen werden, sondern daß diese Figuren zum Teil auch *kumulativ* angewendet werden[124]. Hier dürfte auch der richtige Ansatzpunkt für die Kritik liegen: es geht bei den dargestellten Ansätzen eigentlich nicht um die „richtige" oder „falsche" dogmatische Konstruktion, sondern darum, das aufgrund von Wertungen, die aus dem jeweiligen „Vorverständnis" folgen, in Aussicht genommene Ergebnis irgendwie dogmatisch abzusichern[125].

Die Gefahr eines solchen Vorgehens liegt darin, daß diese Ansätze nicht nur nichts zur Auffindung einer interessengerechten Lösung beitragen, sondern im Gegenteil die Wertungen, die den Entscheidungen im Einzelfall zugrundeliegen, verdecken[126].

---

[121] Man hat beinahe den Eindruck, daß diese Entwicklung in der Rechtsprechung den Vertretern des Frustrierungsgedankens ungelegen kommt!
[122] So *E. Schmidt*, Normzweck und Zweckprogramm, 154.
[123] *Esser/Schmidt/Köndgen*, Fallsammlung, 111 ff.
[124] Vgl. Beispielsfall *OLG Köln*, NJW 1974, 560 (Schwimmhalle).
[125] *Baur*, FS L. Raiser, 129: „... nur Tünche, die diesen Kern (die Überbewertung der Benutzungsmöglichkeit eines Pkw) verdecken sollten."
[126] *Baur*, FS L. Raiser, 138.

FÜNFTER TEIL

Grundlagen und Methode der Kritik der dargestellten Ansätze

A. Schadensbegriff und Interessenbewertung

Nach moderner Auffassung beruhen gesetzliche Normen auf der Bewertung von Interessen und bezwecken die Entscheidung von Interessenkonflikten[1]. „Rechtsbegriffe sind Antworten auf soziale Probleme, formuliert in der Sprache juristischer Dogmatik[2]." Diese Antwort auf soziale Probleme kann bis ins einzelne gehen, so daß die Anwendung der Norm im Einzelfall problemlos ist. In vielen Fällen sind die Rechtsbegriffe jedoch so abstrakt, daß der Rechtsanwender nicht ohne eigene *Wertungen* auskommt[3].

Beim Schadensbegriff wird dies besonders deutlich. Da der Gesetzgeber bewußt darauf verzichtet hat[4], den Schadensbegriff bis ins einzelne festzulegen, sieht sich der Rechtsanwender vor das Problem gestellt, die Antwort auf soziale Probleme zum Teil *selbständig* formulieren zu müssen; man kann auch sagen, der Rechtsanwender entwirft selbst ein „Zweckprogramm" des Schadensersatzes.

Die Antwort wird daher auch verschieden sein, je nach den *Zielvorstellungen* und den Vorstellungen über *Sinn* und *Zweck* des Schadensersatzes. Es kann deutlich festgestellt werden, daß die verschiedenen dargestellten Schadensbegriffe — oft uneingestanden — von verschiedenen Voraussetzungen und Zielvorstellungen ausgehen. So wird z. B. auf der einen Seite betont, es dürfe dem Schädiger nicht zugute kommen, wenn „der Geschädigte für die eigene Tasche spart"[5], auf der

---

[1] Vgl. *Hubmann*, Grundsätze der Interessenabwägung, AcP 155, 85, 90. Grundlegend für die Tübinger Schule der Interessenjurisprudenz: *Heck*, Gesetzesauslegung und Interessenjurisprudenz, AcP 112, 1 ff.; ders., Begriffsbildung und Interessenjurisprudenz, 1932; Heinrich *Stoll*, Begriff und Konstruktion in der Lehre der Interessenjurisprudenz, in Festgabe für Philipp Heck u. a., 60 ff.; vgl. auch den Sammelband mit Texten zur Interessenjurisprudenz, hrsg. von *Ellscheid/Hassemer*. Zur heutigen Interessenjurisprudenz und Wertungsjurisprudenz: *Hubmann*, AcP 155, 85 ff.; *Larenz*, Methodenlehre, 128 ff.

[2] *Weyers*, Der Begriff des Vermögensschadens im deutschen Recht, 48.

[3] Vgl. *Esser*, Vorverständnis und Methodenwahl in der Rechtsfindung.

[4] Vgl. II. Teil der Arbeit.

[5] *Zeuner*, AcP 163, 395.

anderen Seite ist die Rede vom „Gewinnabwehrinteresse"[6], das die Entlastung des Schädigers rechtfertige.

Als Ansatz bietet es sich an, von der *Interessenlage*, die die Verfasser des BGB vor Augen hatten, auszugehen und zu prüfen, ob die *damaligen* Interessenkonflikte mit den *Grundsätzen* der traditionellen Schadenslehre befriedigend gelöst werden konnten. Anschließend ist zu prüfen, inwieweit sich in der Zwischenzeit durch gesellschaftlichen und wirtschaftlichen Wandel die heutige Interessenlage von der damaligen unterscheidet, und zu welchen Ergebnissen man kommt, wenn man diese (neuen) Probleme nach den *Grundsätzen* der traditionellen Schadenslehre löst.

Schließlich wird es eine *Wertungsfrage* sein, welche schadensrechtliche Konzeption man nach Abwägung aller Interessen und der wirtschaftlichen und gesellschaftlichen Folgen für die interessengerechte hält.

Aber auch wenn man die Folgen eines normativen oder funktionellen Schadensbegriffs für die interessengerechte Lösung hält, so stellt sich immer noch die Frage, ob diese Ansätze noch mit der *gesetzlichen* Regelung des BGB in Einklang stehen. Nach der hier vertretenen Auffassung dürfen Zweckmäßigkeitskriterien nicht allein über die Fortbildung des Schadensbegriffs entscheiden. Unabhängig von der Zweckmäßigkeit einer bestimmten schadensrechtlichen Konzeption muß erst der Rahmen abgesteckt werden, den die gesetzliche Regelung bei aller Offenheit doch vorschreibt; dabei ist gerade auch die Wertung, die der Gesetzgeber in § 253 BGB zum Ausdruck gebracht hat, zu berücksichtigen. Nur *innerhalb* dieses Rahmens können *auch* Zweckmäßigkeitskriterien als Orientierungsgesichtspunkte bei der Konkretisierung oder Fortbildung des Schadensbegriffs berücksichtigt werden.

Hier soll der Versuch unternommen werden nachzuweisen, daß die genannten Ansätze von einer zu wenig differenzierten Analyse der zu regelnden Interessenlage ausgehen, und daß aus diesem Grund auch die Möglichkeiten, die schon die traditionelle Schadenslehre bietet, überhaupt nicht voll ausgeschöpft werden. Es wird vielmehr vorschnell der Schluß gezogen, daß eine interessengerechte Lösung nur bei grundsätzlicher Abweichung von der herkömmlichen Konzeption erreicht werden könne. Die vermeintlichen Regelungslücken, die sich so bei Anwendung der traditionellen Schadenslehre ergeben, werden jedoch durch Rechtsfortbildungen mit ganz erheblichen Auswirkungen auf das *gesamte* Schadensausgleichsrecht geschlossen.

---

[6] *Baur*, Entwicklung und Reform des Schadensersatzrechts, 69; *ders.*, FS L. Raiser, 132.

B. Die Interessenlage bei Erlaß des BGB und ihre Bewertung durch den Gesetzgeber

Der liberale Gesetzgeber des BGB von 1900 ging von einem ganz bestimmten *Leitbild* des typischen Schadensfalls aus: „Wenn ein Bürger und Hausvater einem anderen, wirtschaftlich ungefähr in gleicher Lage befindlichen Bürger und Hausvater, schuldhaft Schaden zufügt, dann ist es billig und gerecht, daß die Lücke im Vermögen des Geschädigten aus dem Vermögen des Schädigers ausgefüllt wird"[7].

Das BGB geht also davon aus, daß sich Schädiger und Geschädigter sozusagen *isoliert* gegenüberstehen, und daß der Schadensausgleich zwischen diesen konkreten Parteien vorgenommen wird[8]. Anders gesagt: das BGB geht von der Regelung von *Individualbeziehungen* aus[9].

Sinn und Zweck der Schadensersatzpflicht war es, den dem Geschädigten durch *schuldhaften* Eingriff entstandenen Schaden voll *auszugleichen*.

Zivilrechtlicher Schadensausgleich und strafrechtliche Erwägungen sollten strikt getrennt werden. Deshalb wurde es auch konsequent abgelehnt, Art und Schwere des Verschuldens bei der Bemessung der Höhe des Anspruchs zu berücksichtigen[10]. Das Abstellen auf das *Schuldprinzip* und der Grundsatz des *vollen Schadensausgleichs* ergänzen sich somit in gewisser Weise.

Der Geschädigte sollte aus dem Schadensfall *keinen Gewinn* ziehen dürfen. Aus diesem Grund sollte dem Geschädigten nur der im konkreten Fall entstandene konkrete Schaden ersetzt werden. Die Berücksichtigung abstrakter und generalisierender Momente wurde grundsätzlich nicht vorgesehen. Lediglich im Bereich des kaufmännischen Warenverkehrs wurde eine Ausnahme gemacht, da in diesen Fällen eine *andere Interessenlage* zu regeln ist als im „Normalfall"[11].

Dem Grundgedanken, auch die *Interessen* des *Schädigers* angemessen zu berücksichtigen, entspricht die Regelung des § 254 II BGB. Der Geschädigte hat den Schaden möglichst gering zu halten und muß gewisse Unannehmlichkeiten in Kauf nehmen[12].

---

[7] Zit. nach *Rother*, Haftungsbeschränkungen im Schadensrecht, 272.
[8] Vgl. auch *Baur*, FS L. Raiser, 121; vgl. auch das Schaubild zu den Entwicklungsetappen des Schadensersatzrechts bei *Warkallo*, VersR 1972, 704.
[9] *Wieacker*, Privatrecht und Industriegesellschaft, 26, 47.
[10] Vgl. den II. Teil der Arbeit.
[11] *Baur*, FS L. Raiser, 131; *E. Schmidt*, Athenäum Zivilrecht 1, 582 f.
[12] *Baur*, a.a.O., spricht vom „Gewinnabwehrinteresse"; *ders.*, Entwicklung und Reform des Schadensersatzrechts, 69; *Grunsky*, Aktuelle Probleme, 40; *Weyers*, Der Begriff des Vermögensschadens im deutschen Recht, 50.

Hierher gehört aber auch die Regelung des § 253 BGB. Diese Bestimmung wurde nicht nur wegen der grundsätzlichen Schwierigkeit geschaffen, Nichtvermögensschäden geldlich zu bewerten, wie heute vor allem vertreten wird[13]. Sie ist vielmehr im *Gesamtzusammenhang* mit der gesetzlichen Regelung des Schadensausgleichs zu sehen; aus diesem ergibt sich aber, daß es dem Geschädigten durchaus zugemutet werden sollte, ein gewisses Maß an Unannehmlichkeiten und Ärger auch ohne Geldentschädigung zu tragen[14]. Dieser Gedanke der Berücksichtigung der Interessen des Schädigers ergibt sich folgerichtig aus dem oben genannten Leitbild des Schadensfalls. Schadensersatz sollte nicht Strafe, sondern Ausgleich sein.

C. Die veränderte Interessenlage

Seit dem Inkrafttreten des BGB hat sich durch gesellschaftlichen und wirtschaftlichen Wandel die Interessenlage und die Möglichkeit der Abwicklung von Interessenkonflikten in vieler Hinsicht geändert. Stichwort: industrielles Zeitalter mit gesteigerten Schadensrisiken, Möglichkeit der Absicherung von Risiken durch Versicherungstechnik. Insoweit ist es durchaus zu begrüßen, daß *Selb*[15] gerade auf Probleme, die sich im *Spannungsfeld* zwischen *Schaden* und *Versorgung* ergeben, hingewiesen hat. Es ist tatsächlich richtig, daß das Leitbild des BGB, das von *Individualbeziehungen* ausgeht, für ganze Bereiche nicht mehr zutrifft. Es

---

[13] Vgl. *Weyers*, Der Begriff des Vermögensschadens im deutschen Recht, 48; *Nörr*, AcP 158, 2.

[14] Das Gegenargument, daß der Geschädigte ja auch Naturalrestitution verlangen könnte, die den Schädiger genauso viel koste, überzeugt wohl nicht; ihm liegt nämlich ein sehr weiter Herstellungsbegriff zugrunde, den die Verfasser des BGB wohl nicht vor Augen hatten. Vgl. *Stoll*, Begriff und Grenzen des Vermögensschadens, 8 ff.

[15] *Selb*, Schadensbegriff und Regreßmethoden, 49 f.:
„Wer den Schaden, den der Verletzer zu ersetzen hat, als durch die schädigende Handlung verursachte Differenz im Vermögen des Verletzten bestimmt, hat den Verletzten noch nicht als Glied der Gesellschaft erfaßt. Machen wir uns das am Endzustand einer Entwicklung klar, die sich schon im Jahr 1900 abzeichnete! Ein konkreter Schaden kann dem Einzelnen dann nicht mehr entstehen, wenn er gegen alle Wechselfälle des Lebens durch eine *soziale Versorgung* gesichert ist, die keine differenzierte Vermögensgestaltung mehr zuläßt... Der Erfolg ist, daß sich die schädigende Handlung nicht mehr beim Verletzten, sondern bei dem, der die Soziallast trägt, auswirkt. Das kann ein *Arbeitgeber* sein, der die Soziallast wieder in der Preisgestaltung weitergibt; das kann eine Personengruppe sein, die den Schaden durch *Versicherungsprämien* auf ihre Mitglieder umlegt und das kann schließlich die Allgemeinheit überhaupt sein, die die Versorgung auch aus einer Art Umlage deckt, den Steuergeldern. Wer hier von einem Glück des Verletzers spräche, in einem totalen Versorgungsstaat zu leben, würde ihm einen *Freibrief* zu schädigenden Handlungen ausstellen. Auch diese Form der Gesellschaft wird nicht umhin können, den Verletzer zu irgendeiner Ausgleichsleistung heranzuziehen. Den herkömmlichen Schadensbegriff wird sie dabei aber opfern müssen."

handelt sich dort um *Massenbeziehungen* oder es besteht sonst irgendwie ein Interesse der Allgemeinheit[16]. Trotzdem erscheint es sehr fraglich, ob dies eine Neubestimmung des Schadensbegriffs erfordert.

Im Hinblick auf die hier interessierenden Fallgruppen kann man zwei große Bereiche unterscheiden, und zwar die Probleme, die sich aus *Unfallschäden*[17] ergeben, und die Probleme, die sich aus *Massenverträgen*, hier insbesondere Verträgen im *Reiserecht*[18], ergeben. Unabhängig von den dogmatischen Vorbehalten soll hier zunächst einmal geprüft werden, ob die Überlegungen, die zur Ablehnung der traditionellen Schadenslehre führen, überhaupt *rechtspolitisch* überzeugen können.

I. Das Problem der Unfallschäden

Bei einem sehr großen Teil der sich im täglichen Leben ergebenden Schäden handelt es sich um *Unfallschäden*, die sich im *modernen Verkehr* ereignen[19]. Besonders hervorzuheben ist dabei der Anteil, den die Unfallschäden aus Kfz-Verkehr ausmachen. Die Unfallschäden werden zwar grundsätzlich nach bürgerlichem Haftpflichtrecht geregelt, jedoch sind die eigentlichen Parteien des Schadensausgleichs nicht der Schädiger und der Geschädigte im Sinne des Haftpflichtrechts. Bei den meisten Unfallschäden hat zumindest ein Beteiligter Schutz durch *Versicherungen* oder *Vorsorgeeinrichtungen*. Der Geschädigte hat z. B. einen Anspruch gegen die Haftpflichtversicherung des Schädigers oder gegen die Sozialversicherung bzw. den Lohnfortzahlungsanspruch gegen den Arbeitgeber. Sind jedoch beide Unfallbeteiligte „schuld", wie es oft der Fall ist, wird der Fall letztlich nur noch durch die Versicherungs- bzw. Vorsorgeeinrichtungen abgewickelt[20]. Der eigentliche Schadensausgleich wird dadurch *entpersonalisiert*.

Diese Verlagerung des Schadensausgleichs hat positive Folgen. Vor allem zur Sicherung des unmittelbaren sozialen Lebensbereichs des Ge-

---

[16] Man könnte von öffentlichen Interessen sprechen. Vgl. dazu auch *L. Raiser* (Die Zukunft des Privatrechts), der den Vorschlag macht, das Privatrecht nach verschiedenen Funktionsbereichen zu gliedern (27 ff.); ähnlich *Reich*, ZRP 1974, 187.

[17] Vgl. die umfassende Studie zu diesem Themenkreis von *Weyers*, Unfallschäden, Praxis und Ziele von Haftpflicht- und Vorsorgesystemen; vgl. auch die Reformvorschläge von *E. v. Hippel*, Schadensausgleich bei Verkehrsunfällen, Haftungsersetzung durch Versicherungsschutz. Eine rechtsvergleichende Untersuchung; *Güllemann*, Ausgleich der Verkehrsunfallschäden im Licht internationaler Reformprojekte. Untersuchungen zur Einführung einer obligatorischen Unfall- und Sozialversicherung.

[18] *Arndt*, Der Reiseveranstaltungsvertrag, 1972; *E. v. Hippel*, Verbraucherschutz, 151 ff.

[19] Vgl. *Baur*, FS L. Raiser, 120 ff.

[20] *Baur*, FS L. Raiser, 122; *Weyers*, 27, spricht von einem *Dualismus* zwischen Haftpflichtrecht und Versicherungstechnik.

schädigten ist es erforderlich, daß sich dieser nicht erst mit dem Schädiger streiten muß und auch nicht auf dessen Zahlungsfähigkeit angewiesen ist.

Außerdem kann die Abwicklung dieser Massenschäden durch die sogenannten Schadensteilungsabkommen *rationeller* gestaltet werden[21].

Der „Dualismus zwischen Haftpflichtrecht und Versicherungstechnik" bringt jedoch auch erhebliche Gefahren mit sich. Es ist z. B. nicht von der Hand zu weisen, daß die Gerichte „Versicherungsfälle" anders beurteilen, als wenn es um „echten" Schadensausgleich zwischen individuellen Schädigern und Geschädigten geht[22]. Dies wird bei der Bemessung des Schmerzensgelds auch offen zugegeben[23].

Überblickt man die neueren Entwicklungen der Rechtsprechung zum Begriff des Vermögensschadens, so läßt sich feststellen, daß sich diese Entwicklungen fast alle anhand der dargestellten Versicherungsfälle vollzogen haben, daß es sich also um Deliktsfälle handelt, in denen der Schaden nicht individuell getragen wurde. Man denke an die Rechtsprechung zum merkantilen Minderwert[24], den entgangenen Gebrauchsvorteilen[25] und der Bedarfsmehrung[26]. Lediglich bei der Rechtsprechung zum allgemeinen Persönlichkeitsrecht[27] und zu den unterlassenen Schönheitsreparaturen des Mieters[28] handelt es sich um Fälle, die aus dem Versicherungsbereich herausfallen. Nur in diesen Fällen kann man jedoch auch sagen, daß der Geschädigte tatsächlich auf Kosten des *Schädigers* Ersatz erhält. Sie sind jedoch von wesentlich geringerer praktischer

---

[21] 50 - 80 % aller Regreßfälle werden zwischen Sozialversicherungen und Haftpflichtversicherungen mit Hilfe dieser Teilungsabkommen abgewickelt; *Weyers*, 139 ff.

[22] Der Gedanke der sozialen Versorgung des Geschädigten kann durchaus eine entscheidende Rolle spielen, wenn hinter dem Schädiger die Versicherungsgesellschaft steht. Zum Ganzen: *Hanau*, Rückwirkungen der Haftpflichtversicherung auf die Haftung, VersR 1969, 291; *Sieg*, Ausstrahlungen der Haftpflichtversicherung, 100 ff.; *Baur*, 122; *Weyers*, 121, 425 ff.

[23] Grundlegend BGHZ 18, 149 (165); vgl. auch die ausführlichen Rechtsprechungsnachweise bei *Hanau*, 293. Die Berücksichtigung des Versicherungsschutzes läßt sich mit der Genugtuungsfunktion des Schmerzensgelds wohl schwer vereinbaren; vgl. *Honsell*, VersR 1974, 205 f. Überhaupt tritt der Gedanke der Prävention oder Sanktion in den „Versicherungsfällen" völlig in den Hintergrund (*Weyers*, 122, 446). Der Versicherungsnehmer befürchtet höchstens den Verlust seines *Schadensfreiheitsrabatts* oder einen sogenannten *Malus* (*Baur*, 123).

[24] Grundlegend BGHZ 27, 181 = JZ 1958, 403 = NJW 1958, 1085; BGHZ 35, 396; ausführlicher Überblick bei *Neuwald*, Diss., 50 ff.

[25] Vgl. oben III. Teil Fallgruppe A.

[26] BGHZ 38, 59; 50, 305; BGH NJW 1971, 2067; 1972, 1130.

[27] Grundlegend BGHZ 26, 349; 39, 124.

[28] Grundlegend BGH NJW 1968, 491 = MDR 1968, 232; ausführlicher Überblick bei *Neuwald*, Diss., 44 ff.

C. Die veränderte Interessenlage

Bedeutung als die oben genannten Fälle, schon was die Häufigkeit oder den erforderlichen Aufwand angeht.

Es ist zu vermuten, daß die wirtschaftlich eigentlich relevanten (Leit-) Entscheidungen, die den Schadensbegriff — im Sinne der Interessen des Geschädigten — fortgebildet haben, deshalb so getroffen wurden, weil die Folgen nicht den individuellen Schädiger, sondern die finanzkräftige Versicherungsgesellschaft trafen („Deep-Pocket"-Argument)[29]. Die genannte Entwicklung hat aber erhebliche Folgen.

1. Auswirkungen auf das gesamte System des Schadensausgleichsrechts

Anhand der Beispielsfälle[30] wurde gezeigt, daß die „großzügigen" Entscheidungen konsequenterweise eigentlich nicht auf Versicherungsfälle beschränkt werden können, für die sie eine „Indikatorfunktion"[31] haben. Anders als bei der Bemessung des Schmerzensgelds kann bei der Bestimmung von Vermögensschäden keine Rücksicht auf die individuellen Belange wie Vermögenslage usw. genommen werden[32]. Daher müßten die Fortbildungen des Schadensbegriffs konsequenterweise auch auf Fälle von individuellem Schadensausgleich Anwendung finden; dort wird sich aber zeigen, daß gerade die Interessen des Schädigers nicht genügend berücksichtigt wurden.

Die Rechtsprechung versucht gegenzusteuern, indem sie sich bemüht, in diesen Fällen irgendwelche Besonderheiten nachzuweisen, die eine differenzierte Behandlung rechtfertigen. Auch werden weitere Möglichkeiten der Haftungsbegrenzung im Einzelfall erforderlich. Das gilt sowohl für die *Normzwecklehre*[33] als auch für die Einführung einer *Reduktionsklausel*.

Die unvermeidbare Folge dieser Rechtsprechung ist es jedoch, daß ein einheitlicher Schadensbegriff aufgegeben wird zugunsten von typisierenden Fallgruppenentscheidungen. Das damit erzielte Maß an Flexibilität wird jedoch mit einem Verlust an *Rechtssicherheit* erkauft[34].

---

[29] Vgl. *Weyers*, 428 ff., 526 ff. (Kapitel Haftpflichtversicherung und Haftpflichtrechtsprechung); *Hanau*, VersR 1969, 291; *Keller*, Haftpflicht und Versicherung in der Wertordnung des technischen Zeitalters, Festgabe für Oftinger, 111.
[30] Oben III. Teil Fallgruppe A III.
[31] *Baur*, FS L. Raiser, 122; *Gärtner* (AcP 171, 542, 544): Reduzierung des Deliktsrechts auf ein Recht der Regreßvoraussetzungen.
[32] Eine Korrektur könnte hier lediglich die geplante Reduktionsklausel (§ 255a) bringen oder eine Soziabilitätsschranke im Sinne *Mertens*.
[33] Dazu ausführlich *E. Schmidt*, Normzweck und Zweckprogramm, 139 - 170.
[34] Erhebliche Bedenken äußert auch *Grunsky*, JZ 1975, 39.

2. Die wirtschaftlichen Folgen

Aus der Tatsache, daß sich für diese Gruppe von Unfallschäden die eigentlichen Kontrahenten des Schadensausgleichs verändert haben, folgt jedoch nicht nur, daß der Schädiger den Schaden nicht selbst tragen muß. Der Schaden wird vielmehr aus dem Prämienaufkommen *aller* Versicherungsnehmer bezahlt. An diesem Prämienaufkommen ist jedoch der Geschädigte in der Regel *selbst* beteiligt. Der großzügige Griff in die vollen Taschen des Versicherers mag zwar für den Geschädigten momentan sehr erfreulich sein. Die „Wohltat" dieser großzügigen Rechtsprechung muß er jedoch letztlich *selbst* bezahlen[35].

Die Versicherer nehmen die Entscheidungen zur Grundlage ihrer neuen Regelungspraxis und auch zur Grundlage der Prämienberechnung! Das bedeutet, daß die *Rechtsprechung* durch die Fortbildung des Schadensbegriffs in erheblichem Maß die soziale Wirklichkeit gestaltet. Das gilt vor allem für die Fälle der gesetzlichen Haftpflichtversicherung. Auch die Kfz-Halter, die geringe Einbußen und Unbequemlichkeiten selbst ohne weiteres in Kauf genommen hätten, werden *gezwungen*, die finanziellen Folgen dieser großzügigen Rechtsprechung mitzufinanzieren[36].

3. Die Reformvorschläge für die Regelung von Unfallschäden

Hinweise ob und in welcher Art und Weise eine Fortbildung des Schadensersatzrechts notwendig ist, könnten auch die Reformvorschläge zur Regelung von Unfallschäden geben.

In letzter Zeit wurde dieses Problem diskutiert von *Güllemann, E. v. Hippel* und von *Weyers*[37].

Die folgenden Überlegungen sollen von der Arbeit von *Weyers* ausgehen. Dieser erwägt die Abschaffung von Haftpflichtansprüchen wegen Unfällen. Er trennt dabei die Ansprüche wegen Sachschäden und Personenschäden.

Den Vorteil der Abschaffung von Haftpflichtansprüchen wegen Sachschäden sieht *Weyers* darin, daß der unverhältnismäßige Regulierungsaufwand wegfallen würde. Er denkt an die Einführung einer *Direktversicherung*, das heißt, daß sich jeder Kfz-Halter jeweils gegen seine

---

[35] *E. Schmidt* (154) spricht von einer „Sozialisierung" auf dem Rücken sämtlicher Versicherungsnehmer.

[36] Vgl. dazu *Mayer-Maly*, Der österreichische Spalttarif, VersR 1974, 208 ff. In Österreich kann sich der Versicherte selbst entscheiden, ob er auf die Miete eines Ersatzwagens bzw. Ausfallentschädigung mit der Folge eines niedrigeren Versicherungstarifs verzichten will. Nach *Mayer-Maly* sollen sich nur 7 % für den höheren Tarif entschieden haben!

[37] Vgl. die Nachweise in FN 17.

eigenen möglichen Sachschäden versichert. Diese Versicherung solle auch eventuelle Schäden anderer Verkehrsteilnehmer (z. B. Fußgänger) abdecken, so daß auch hier Sachschadensersatzansprüche entfielen. Die haftpflichtrechtliche Problematik des *Nutzungsausfalles* wäre auf die sehr viel sinnvollere Frage abgedrängt, ob die einzelnen Nutzungsausfälle von den Betroffenen tatsächlich als so gravierend empfunden würden, daß sich für sie der Abschluß einer eigenen, neu zu entwickelnden Versicherung nach Art der Betriebsunterbrechungsversicherung lohnen würde[38].

Auf die grundsätzlichen Vor- und Nachteile solcher Schadenstragungssysteme kann hier nicht im einzelnen eingegangen werden[39]. Jedoch ist es bezeichnend, daß gerade diese Ansätze, die von ökonomischen Überlegungen geleitet sind und von empirischen Erkenntnissen ausgehen, zu einer *Ablehnung* der jetzigen Praxis der *Nutzungsausfallentschädigung* kommen. Diese Entscheidung fällt eben leichter, wenn man die konkreten *Folgeprognosen* der Rechtsprechung (Prämienerhöhungen) bei der Fortbildung des Rechtsbegriffs Schadensbegriff mit einbezieht. Auch wenn man die Einführung von Schadenstragungssystemen ablehnt, sollte man an diesen Erwägungen nicht vorbeigehen!

II. Der Bereich des Massentourismus — Reiserecht

In einem weiteren Bereich hat sich das Leitbild des BGB wesentlich verändert. Auch im Bereich des *Vertragsrechts* stehen sich heute meistens nicht individuelle Vertragsparteien gegenüber und handeln die Modalitäten aus. Gerade für die hier interessierende Fallgruppe Urlaub/Freizeit zeigt es sich, daß dieser Bereich des „*Massentourismus*" vermarktet ist[40]. Für individuelle Vereinbarungen ist meistens kein Raum mehr, sondern der Urlauber hat das *Katalogprogramm* zu akzeptieren und die *Allgemeinen Geschäftsbedingungen* des Veranstalters anzuerkennen[41].

Der Bereich Urlaub/Freizeit erlangt heute eine immer größere *gesellschaftliche* Bedeutung und es werden auch ganz erhebliche Beträge

---

[38] *Weyers*, 650.
[39] Sehr kritisch *Esser*, Grundlagen und Entwicklung der Gefährdungshaftung, 2. Aufl. 1969, Vorwort IX f.
[40] *J. Schwarz*, Konsumentenschutz im Tourismus? 100 ff.
[41] Ausführlicher Überblick bei: *Arndt*, Der Reiseveranstaltungsvertrag; *Bartl*, Allgemeine Reisebedingungen, BB 1973 Beilage Nr. 10 (zu Heft 23); *Eberle*, Die Haftung des Reiseveranstalters, DB Beilage Nr. 3 zu Heft 7, 1973: die herrschende Meinung geht davon aus, daß *Werkvertragsrecht* anzuwenden ist; vgl. zur rechtlichen Qualifizierung des Reisevertrages: *BGHZ* 60, 14; 61, 275; 63, 98; *OLG Hamm*, NJW 1975, 123; *OLG Köln*, NJW 1972, 1815; *KG* MDR 1971, 1007; *LG Essen*, VersR 1971, 946; *LG München*, BB 1970, 1026; *LG Frankfurt*, VersR 1972, 262; *LG Berlin*, MDR 1968, 582.

umgesetzt[42]; daher ist ein besonderer Interessenschutz auch hier Aufgabe des Rechts. Da die Probleme des „kommerzialisierten" Urlaubs dem Gesetzgeber des BGB weitgehend unbekannt waren, betrat die Rechtsprechung in diesen Fällen anfangs völliges Neuland, wenn es darum ging, dem „frustrierten" Urlauber zu seinem Recht zu verhelfen. In den meisten Fällen ging es darum, daß die Unterkunft und die Dienstleistungen nicht den Erwartungen entsprachen oder daß nächtliche Lärmbelästigung den Erholungszweck (teilweise) vereitelte.

Bei den Entscheidungen waren wohl zwei Gesichtspunkte ausschlaggebend: zum einen sollte der „frustrierte" Urlauber, wenn er schon auf die erwartete volle Urlaubsfreude verzichten mußte, durch die Zahlung eines Geldbetrages *besänftigt* werden, und zum anderen sollten die Reiseveranstalter durch *Androhung* empfindlicher *Schadensersatzforderungen* zur korrekten Erfüllung ihrer Vertragspflichten angehalten werden; für die Entwicklung der Rechtsprechung zur entgangenen Urlaubsfreude waren also *Genugtuungs-* und *Präventionsgesichtspunkte* ausschlaggebend.

Jedoch zeigt sich auch hier wie schon bei den Unfallschäden, daß die Fortentwicklung des Schadensbegriffs anhand einer speziellen Fallgruppe oder einer „ad hoc Motivation" erhebliche Auswirkungen auf das *gesamte* Schadensrecht hat. Das stellt sich spätestens dann heraus, wenn nicht der finanzkräftige Reiseveranstalter den großzügig bemessenen Schaden zu tragen hat, sondern ein „Normalbürger" aus *deliktischer* Schädigung haftet[43]. Nach dem Kommerzialisierungs- oder Frustrierungsgedanken dürfte hier wohl *kein* Unterschied gemacht werden!

Bei dieser Fallgruppe handelt es sich jedoch um *ganz andere Beträge* als beim Nutzungsentgang von Kfz. Außerdem kommt hinzu, daß die Reiseveranstalter durch AGB in der Regel ihre *Haftung* auf den Reisepreis *beschränken*[44]. Diese Haftungsbeschränkung ist von den Gerichten bisher *allgemein anerkannt* worden[45].

Dadurch könnte die Situation eintreten, daß der deliktische Schädiger, der vorher noch nie mit dem Urlauber zu tun hatte und nichts von

---

[42] Ausführlich *Landwehrmann*, Diss., 53 ff.; *Lüdtke*, Freizeit in der Industriegesellschaft, 40 ff. (mit statistischen Nachweisen).

[43] Man denke an den Fall, daß der „Bahama-Tourist" auf einer achtlos weggeworfenen Bananenschale ausrutscht und wegen verstauchtem Knöchel das Flugzeug nicht erreicht, später aber als 5 000,— DM Reisekosten als Schadensersatz verlangt!

[44] Vgl. *Arndt* (123), die das Interesse der Veranstalter am kalkulierbaren Risiko betont; *E. v. Hippel*, Verbraucherschutz, 153.

[45] *OLG Frankfurt*, NJW 1973, 472; *OLG Hamm*, NJW 1975, 1365 (mit Hinweis auf *BGHZ* 54, 106, 109; *BGHZ* 60, 243, 244); a. A. *Stoll* (Begriff und Grenzen des Vermögensschadens, 40): einseitige Bevorzugung der Interessen des Reiseunternehmers, die nach § 242 BGB korrigiert werden müsse; ebenso *AG Bonn*, NJW 1973, 469.

dessen Urlaubsplänen wissen konnte, unter Umständen *schlechter* gestellt ist als der vertragliche Schädiger (Reiseveranstalter), der es in der Hand hatte, die vertragsgemäße Leistung zu erbringen! Sollte den Reiseveranstaltern diese Möglichkeit der Haftngsbeschränkung genommen werden, so dürfte die Folge sein, daß diese Beträge weitgehend über die Preiskalkulation auf die Allgemeinheit der Urlauber, die entsprechende Leistungen in Anspruch nehmen, aufgeteilt werden.

Bei näherem Hinsehen zeigt es sich also, daß es hier nicht um abstrakte Fragen des Begriffs des Vermögensschadens geht, sondern daß es sich letztlich um Probleme des Verbraucherschutzes handelt[46]. Die Möglichkeiten der Abhilfe mit Hilfe einer „abstrakten" Fortbildung des Schadensbegriffs sollten nicht überschätzt werden.

D. Kritik und eigene Meinung für ein „Zweckprogramm" des Schadensausgleichsrechts

Es ist zuzugeben, daß das ursprüngliche „Zweckprogramm" des Schadensausgleichsrechts, das sich an der Regelung von Individualbeziehungen orientierte, sicher einfacher und durchsichtiger war als ein „Zweckprogramm" für die heutige Situation, die immer mehr durch das Nebeneinander von Verschuldenshaftung und Versorgung und deren Wechselwirkung geprägt wird.

Der Schadensausgleich im Einzelfall tangiert immer mehr *öffentliche* Belange und es erscheint tatsächlich erforderlich, diesen Veränderungen mancher *Funktionsbereiche* Rechnung zu tragen[47]. Aber gerade diese Überlagerung durch immer vielfältigere Gesichtspunkte erfordert es, klare *Grundsätze* für den Schadensausgleich herauszuarbeiten. Auf diese Weise können die Entscheidungen im Einzelfall wieder vorhersehbar werden und verlieren das Moment der Willkürlichkeit, das ihnen heute zum Teil anhaftet.

I. Zwei grundsätzliche theoretische Positionen im Hinblick auf ein „Zweckprogramm" des Schadensausgleichsrechts

1. Möglichst weitgehende Entlastung des Individuums von jedem Risiko des täglichen Lebens

Die Betonung der Ausgleichsfunktion durch die Verfasser des BGB ergab sich konsequent aus der Aufgabe des billigen Interessenausgleichs im Rahmen von Individualbeziehungen; der Schädiger sollte durch die

---

[46] Zu diesem Fragenkomplex ausführlich: *E. v. Hippel,* Verbraucherschutz, insbesondere 151 ff.; *J. Schwarz,* Konsumentenschutz im Tourismus? 164 ff.
[47] Vgl. *L. Raiser,* Die Zukunft des Privatrechts, 29 ff.

Ausgleichsleistung nicht wirtschaftlich ruiniert werden, der Geschädigte sollte möglichst vollständigen Ausgleich erhalten, wobei ihm aber gewisse Unbequemlichkeiten durchaus zugemutet wurden.

Die heutige Tendenz zur immer weitergehenden Entlastung des Individuums konnte sich erst mit Entstehen der Möglichkeiten zur *kollektiven*[48] Schadenstragung im weitesten Sinn ergeben. Ergebnis dieser konsequent zu Ende gedachten Entwicklung dürfte sein, daß die *Allgemeinheit* oder *bestimmte gesellschaftliche Gruppen* die Mittel für die Entschädigung im Einzelfall aufbringen; auf Zurechnungskriterien im Sinne eines privatrechtlichen Schadensausgleichsrechts könnte man dann verzichten, da es das alleinige Ziel eines solchen Systems ist, die Belange des *Geschädigten* zu wahren. Bei einer solchen „Sozialisierung"[49] von Schäden wird es allerdings leichter sein, einen wesentlich weiteren Bereich an Beeinträchtigungen für schutzwürdig zu erklären, da die Berücksichtigung der Interessen eines individuellen Schädigers wegfällt.

Es wird auch schon die Berechtigung des privatrechtlichen Instituts Schadensausgleichrecht — jedenfalls für den Bereich des Deliktsrechts — völlig in Frage gestellt zugunsten eines Systems des kollektiven Schadensausgleichs[50]. Der Schutz privater Rechtsgüter soll allein durch das *Strafrecht* und das *Sozialversicherungsrecht* gesichert werden[51]. Solche Lösungsvorschläge lassen sich theoretisch durchaus vertreten. Ganz abgesehen von verfassungsrechtlichen Bedenken[52] stellt sich jedoch auch hier die ganz praktische Frage, wie dieser Schadensausgleich im einzelnen finanziert werden soll. Auch hier, bei weitgehend kollektiver Tragung von Schäden, wird es letztlich eine *Zweckfrage* sein, wieviel an Belastungen man der Gemeinschaft der potentiellen Schädiger aufbürdet, wo also die Grenze zu ziehen ist zwischen den als schützenswert anzuerkennenden Interessen und dem Bereich, der dem eigenen Risiko überlassen bleibt. Je weiter der Bereich der geschützten Interessen geht, desto größer wird auf der anderen Seite die Gefahr, daß der Schadensausgleich einen erheblich *freiheitsbeschränkenden* Charakter erhält. Durch die umgelegten Kosten in erheblicher Höhe verliert der Einzelne an persönlicher Bewegungsfreiheit und Entfaltungsmöglich-

---

[48] Darunter soll hier auch die Auswirkung des Versicherungsschutzes des Schädigers auf die Judikatur gefaßt werden.
[49] E. *Schmidt*, Normzweck und Zweckprogramm, 154.
[50] J. *Schmidt*, Schadensersatz und Strafe; vgl. die sehr kritische Besprechung von *Stoll* in AcP 174, 562.
[51] J. *Schmidt*, 26 ff.
[52] Vgl. *Weyers*, Unfallschäden, 559; auf jeden Fall wären umfassende Gesetzesänderungen notwendig, da damit der Kernbereich des privatrechtlichen Haftpflichtrechts getroffen wäre.

D. Das „Zweckprogramm" des Schadensausgleichsrechts

keit, da er nicht mehr freiwillig auf Leistungen verzichten kann, die ihm als nicht erstrebenswert erscheinen.

2. Beschränkung des Schadensausgleichs auf elementare Bedürfnisse

Die Gegenposition dazu ist die, nur wirklich elementare Bedürfnisse als schutzwürdig anzuerkennen.

Der Vorteil dieser Position ist darin zu sehen, daß dem Individuum mehr Raum für *private Initiative* und *Entfaltungsmöglichkeit* bleibt. An diesem Ansatz sollte überall dort festgehalten werden, wo tatsächlich Raum für privatrechtliche Gestaltung ist.

Dafür erscheinen jedoch gerade die oben genannten Fallgruppen als Beispiele gut geeignet. Gerade bei der Frage der entgangenen Gebrauchsvorteile von Kfz[53] wäre es durchaus sinnvoll, den Kfz-Halter vor die Frage zu stellen, ob er sich gegen höhere Versicherungsgebühr auch für diesen Fall absichern will oder ob er bereit ist, gegen den niedrigeren Beitrag dieses Risiko auf sich zu nehmen[54]. Ebenso sind die Möglichkeiten der Versicherungstechnik im Urlaubs- bzw. Reisesektor noch lange nicht ausgeschöpft. Auch hier erscheint es möglich, dem Betreffenden die Möglichkeit zu schaffen, sich speziell nach seinen Bedürfnissen abzusichern.

II. Kritik der Praxis der Rechtsprechung

Im Hinblick auf die oben angedeuteten Möglichkeiten erscheint der Weg, den die Rechtsprechung eingeschlagen hat, als völlig unbefriedigend. Zwar wird offen eingeräumt, daß das herkömmliche Verständnis der §§ 249 ff. BGB im Sinne des gemeinrechtlichen Verständnisses aufgegeben worden ist[55]; zur Begründung für diesen Kurswechsel werden jedoch nur einige sporadische Wertungsgesichtspunkte angegeben[56]. Es hätte nahegelegen, die Gründe für diesen Kurswechsel im einzelnen zu nennen und der Konzeption der traditionellen Schadenslehre eventuell eine neue, in sich *geschlossene* Konzeption gegenüberzustellen. Das ist jedoch nicht erfolgt.

---

[53] Nach der Differenztheorie hat der Kfz.-Halter keinen Vermögensschaden erlitten.
[54] Vgl. dazu die Regelung in Form des Spalttarifs in Österreich, oben FN 36; vgl. *Weyers*, Unfallschäden, 650, der eine Art Betriebsunterbrechungsversicherung vorschlägt.
[55] BGHZ 50, 304 (306).
[56] z. B. „es darf dem Schädiger nicht zugute kommen"; „es entstehe ansonsten ein Anreiz für Schädiger und Versicherer, sich durch Verzögerung der Verpflichtung zu entziehen" usw. Vgl. auch *Diederichsen*, Argumentationsstrukturen in der Rechtsprechung zum Schadensersatzrecht, 65, 74 ff.

Auch hinter dem Stichwort *normativer*[57] Schadensbegriff verbirgt sich keine in sich geschlossene Konzeption. Die Rechtsprechung greift bei der Festlegung des normativen Schadens je nach Bedarf auf eine der unzähligen in der Literatur vertretenen Theorien zurück, um das gewünschte Ergebnis dogmatisch abzusichern[58]. Der Begriff des normativen Schadens ist daher auch „eher eine Sammelbezeichnung für diese Tendenz (Abkehr von der bisherigen Differenzmethode) als eine konstruktive Aussage"[59].

---

[57] Vgl. dazu *Baur*, FS L. Raiser, 127 ff.
[58] *Grunsky*, JZ 1975, 39.
[59] *E. Schmidt*, Athenäum Zivilrecht 1, 559.

SECHSTER TEIL

Vorschlag für eine interessengerechte Lösung: Differenzierung nach vertraglicher und deliktischer Ausgleichspflicht

A. Problem

Die gesetzliche Regelung des Schadensausgleichs ist in den §§ 249 ff. BGB sozusagen „vor die Klammer" gezogen. Daraus könnte man entnehmen, daß die Ausgleichspflicht, die aus deliktischer Schädigung herrührt mit derjenigen identisch ist, die auf Vertragsverstoß beruht. In der Tat geht auch die Tendenz in Rechtsprechung und Literatur dahin, die Schadensausgleichspflicht aus Delikt derjenigen aus Vertrag anzugleichen[1].

Baur[2] verdeutlicht das Problem am Beispiel des Ersatzes des merkantilen Minderwerts: der Käufer eines „unfallfreien Gebrauchtwagens" habe Anspruch auf Lieferung eines solchen. An diesem Anspruch messe sich sein Schaden, wenn er Schadensersatz wegen Nichterfüllung geltend mache, weil ihm der Verkäufer ein unfallbeschädigtes Fahrzeug übereignet habe. Darauf, daß der Wagen in seinem jetzigen Zustand für den Käufer brauchbar sei, oder daß der Käufer nicht die Absicht hatte, den Wagen zu verkaufen, komme es nicht an. Werde dagegen ein bisher unfallfreier Wagen beschädigt, so stehe die *Wiederherstellung* dieses Wagens im Vordergrund. Die Auswirkungen auf das übrige Vermögen des Geschädigten würden nur relevant, wenn sie Rechte oder Rechtsgüter im Vermögen des Geschädigten tangierten. Die Rechtsprechung zum merkantilen Minderwert führe dazu, daß im Fall deliktischer Schädigung ein Ausgleich gewährt werde, wie er als *Erfüllungsinteresse* geschuldet würde. Nach *Baur* ist der Ersatz des merkantilen Minderwerts also nur im Rahmen des Erfüllungsinteresses berechtigt, nicht aber bei deliktischer Schädigung.

Im folgenden soll vor allem auch die für die Lösung der Fallgruppen wichtige Frage geprüft werden, ob *Aufwendungen*, die aufgrund von

---

[1] Vgl. zu diesem Problemkreis: *Baur*, FS L. Raiser, 125; *Grunsky*, NJW 1975, 610; *Lieb*, JZ 1971, 361; *Stoll*, JuS 1968, 505; *ders.*, JZ 1971, 595; *ders.*, JZ 1975, 254; *Honsell*, JuS 1976, 225.

[2] *Baur*, FS L. Raiser, 125.

Vertragsverletzungen nutzlos werden, als Vermögensschaden ersatzfähig sind im Gegensatz zu solchen, die aufgrund deliktischer Schädigung entwertet werden.

B. Die Praxis der Rechtsprechung

Wie bei den Fällen des merkantilen Minderwerts differenziert die Rechtsprechung auch in Fällen entgangener Gebrauchsvorteile bzw. bei den „Urlaubsfällen" nicht zwischen vertraglicher und deliktischer Ausgleichspflicht. So wurde bei Vertragsverletzung aus dem Gesichtspunkt des Verzugs bzw. der Nichterfüllung eine abstrakte Nutzungsausfallentschädigung für Nutzungsentgang eines Tonbands[3], Kfz[4] und eines Wohnhauses[5] genau so zugebilligt wie bei deliktischer Schädigung[6].

Auch bei den „Urlaubsfällen" wird kein Unterschied gemacht: Im Seereise-Fall[7] wird der Kläger so gestellt, als habe der Reiseveranstalter schuldhaft den Vertrag verletzt, indem er das Reisegepäck des Klägers nicht rechtzeitig an Bord befördern ließ.

Ebenso macht die Rechtsprechung in den Fällen der Beeinträchtigung des Urlaubs „als solchem" keinen Unterschied, ob dieser nun durch deliktische Schädigung „verkorkst" wurde (z. B. Hundebiß-Fall[8]) oder durch Vertragsverstoß[9] seitens des Reiseveranstalters.

C. Die verschiedenen Formen des Interesses

Daß das dem Geschädigten zu ersetzende Interesse nicht in jedem Fall gleich ist, zeigt schon die Differenzierung im Gesetz zwischen negativem Interesse und dem Erfüllungsinteresse.

1. Vom *negativen* Interesse spricht man, wenn das Gesetz jemand dazu verpflichtet, einen anderen so zu stellen, wie wenn er auf eine be-

---

[3] *AG Iserlohn*, VersR 1965, 1212.

[4] *OLG Nürnberg*, DAR 1969, 300 (verspätete Rückgabe von Kfz; *OLG Stuttgart*, VersR 1967, 1207, der gekaufte Kleinwagen wurde nicht, wie zugesichert, für den Kläger (Körperbehinderter) umgebaut. Der Kläger mußte den Umbau mit Verzögerung in einer anderen Werkstatt vornehmen lassen).

[5] *KG* NJW 1967, 1233 (verspätete Räumung eines Wohnhauses).

[6] z. B. Nutzungsentgang durch Verkehrsunfall.

[7] Es handelt sich dabei um einen Fall der *Amtshaftung*. Es liegt die Vermutung nahe, daß dies durchaus eine gewisse Rolle gespielt hat; wie wäre wohl entschieden worden, wenn ein „Normalbürger" den Transport des Reisegepäcks fahrlässig behindert hätte?

[8] *KG* NJW 1970, 474 (Kuraufenthalt wurde durch Hundebiß nachhaltig beeinträchtigt).

[9] Vgl. Bungalow-Fall und Rumänienreise-Fall.

stimmte Erklärung oder das Zustandekommen eines Vertrages nicht *vertraut* hätte[10]. Fälle des negativen Interesses sind die §§ 122, 123, 179, 307, 309 BGB. Das negative Interesse ist in diesen Fällen auf das Erfüllungsinteresse als Höchstbetrag begrenzt.

2. Im Falle der Nichterfüllung einer vertraglichen Leistungspflicht kann der Gläubiger das *positive* oder *Erfüllungsinteresse* verlangen; das heißt er kann verlangen, in diejenige Vermögenslage versetzt zu werden, in der er sich befinden würde, wenn er die Leistung erhalten hätte; er kann auch Aufwendungen ersetzt verlangen, die er machen mußte, um sein Interesse an der Leistung auf andere Weise zu befriedigen[11].

3. Es zeigt sich also, daß das dem Geschädigten zu ersetzende Interesse je nach der zu regelnden *Interessenlage* verschieden hoch sein kann[12]. Gemeinsam ist allen Fällen, daß das jeweilige Interesse grundsätzlich durch eine Differenzrechnung ermittelt wird; fraglich ist nur, welche *hypothetische* Vermögenslage dieser Differenzrechnung zugrundegelegt wird[13]. Im Hinblick auf die Lösung der Fallgruppen ist vor allem von Interesse, inwieweit auch nutzlos gewordene *Aufwendungen* beim Interesseausgleich berücksichtigt werden können.

D. Nutzlose Aufwendungen und Interesseersatz

I. Ersatz von Aufwendungen im Rahmen des negativen Interesses

Unstreitig ist, daß der Geschädigte im Rahmen des negativen Interesses Aufwendungen ersetzt verlangen kann, die er im Vertrauen auf ein bestimmtes Verhalten desjenigen, der einen *Vertrauenstatbestand* geschaffen hat, gemacht hat.

In den Fällen des negativen Interesses soll der Geschädigte so gestellt werden, als ob ein bestimmtes Geschäft nicht geschlossen worden oder von diesem Geschäft nie die Rede gewesen wäre. Es geht dem Geschädigten darum, daß er *bestimmte* Aufwendungen nicht gemacht, bestimmte Dispositionen unterlassen hätte[14]. Wird jedoch als hypothetische Vermögenslage diejenige in die Differenzrechnung eingestellt, die bestehen würde, wenn von dem Geschäft nie die Rede gewesen wäre, so ergibt sich, daß damit gerade auch die nutzlos gewordenen Aufwendungen erfaßt werden.

---

[10] Vgl. *Larenz*, SchR I § 27 II 4; *Esser*, SchR I § 41 I 4.
[11] *Larenz*, a.a.O.; vgl. *Esser*, a.a.O.
[12] Vgl. *Pieper*, JuS 1962, 410.
[13] Hier soll nicht der Theorienstreit: Austauschtheorie oder Differenztheorie aufgerollt werden, vgl. dazu *Esser*, SchR I § 51 I 2.
[14] *Keuk*, Vermögensschaden und Interesse, 249.

II. Ersatz von Aufwendungen im Rahmen des Erfüllungsinteresses

Fraglich erscheint jedoch, ob im Rahmen des *Erfüllungsinteresses* auch der Ersatz von nutzlos gewordenen Aufwendungen verlangt werden kann. Hier ist das Interesse des Gläubigers ja nicht darauf gerichtet, von dem Vertrag loszukommen, sondern er will Schadensersatz in Geld, der sich an der Situation orientiert, die bestehen würde, wenn erfüllt worden wäre (hypothetische Vermögenslage). In der Regel werden in diesen Fällen eben die Aufwendungen wieder in anderer Form in der Vermögensbilanz erscheinen (z. B. statt der Aufwendungen: Kaufpreis und Kosten für Abholung des Kaufgegenstands, eben dieser Kaufgegenstand als Wertposten).

Wie ist jedoch zu entscheiden, wenn der Gläubiger eben den Betrag fordert, den er als Kaufpreis und für weitere *Unkosten* aufgewendet hat? Das *Reichsgericht*[15] vertrat dazu unter Abweichung von der „reinen" Differenztheorie folgenden Standpunkt:

„Und wenn auch der Käufer nicht ohne weiteres unter dem Gesichtspunkt des Schadensersatzes geltend machen kann, daß er mit Rücksicht auf den Vertrag Aufwendungen gemacht habe, die er sonst nicht nötig gehabt hätte, wenn er ferner nicht den gezahlten Kaufpreis als solchen zurückverlangen darf, so wird doch dessen Betrag als der erste handgreifliche Schaden in Betracht kommen ... Daß dabei dieselbe Summe gefordert werden kann wie beim negativen Interesse, ändert daran nichts (JW. 1904 S. 140 Nr. 6 Sp. 2 unten). Ebensogut kann der Käufer Ersatz für *jede andere Aufwendung* unter dem Gesichtspunkt verlangen, daß er sie durch den Vorteil der erwarteten Lieferung der Kaufsache wieder eingebracht haben würde."

Schon das *Reichsgericht*, das grundsätzlich vom Differenzschadensbegriff ausging, gestattete es also dem Gläubiger unter bestimmten Voraussetzungen (enttäuschter Vertrauenstatbestand), nutzlose Aufwendungen als Vermögensschaden ersetzt zu verlangen. Dieser Auffassung hat sich auch der *Bundesgerichtshof* in verschiedenen Entscheidungen ausdrücklich angeschlossen[16].

---

[15] *RGZ* 127, 245 (248) Urteil v. 19. 2. 1930; vgl. auch *RG* JW 1904, 140; *RG* JW 1912, 686; *RG* JW 1913, 596; *RG* Seuff. Arch. Bd. 81, 359 = Recht 1927, Nr. 19; *RGZ* 134, 83 (90). Dagegen mit ausführlicher Begründung *Keuk*, Vermögensschaden und Interesse, 155 - 161.

[16] *BGHZ* 57, 78 (80); *BGHZ* 62, 120; *BGH* DB 1969, 1502 = WM 1969, 835, 836; *BGH* NJW 1970, 38. Vgl. auch *OLG Celle*, DB 1969, 1886; *Palandt-Heinrichs*, Vorbem. 2b cc zu § 249; § 325, 5a; *Bötticher*, VersR 1966, 309; *Beck-Mannagetta*, ZVerKR 1969, 283; *Honsell*, JuS 1976, 222, 224.

E. Folgerungen für die Fallgruppen

Ließen sich diese Grundsätze auch zur Lösung der Fallgruppen heranziehen, so ergäbe sich — von der speziellen Interessenlage ausgehend — schon mit dem herkömmlichen Instrumentarium eine befriedigende Regelung, mit der die Auswüchse, die die dargestellten Ansätze hervorbringen, vermieden werden könnten.

I. Urlaubs-/Freizeitgenuß, für den Aufwendungen gemacht wurden, als Vermögensschaden

Hier handelt es sich nach richtiger Sicht nicht um ein besonderes Problem der „Urlaubsschäden", sondern allgemein um die Frage des Ersatzes nutzloser Aufwendungen[17]. Es ist allerdings zu bedenken, daß es sich bei den vom *Reichsgericht* und vom *Bundesgerichtshof* entschiedenen Fällen regelmäßig um „Austauschgeschäfte" gehandelt hat, bei denen sich das Ausbleiben des geschuldeten Äquivalents regelmäßig negativ in der *Vermögensbilanz* niederschlug (die geschuldete Tabaklieferung blieb aus[18], der eingebaute Fußbodenbelag war unbrauchbar[19]). Der Geschädigte hätte also seinen Schaden auch in einer Differenzrechnung nachweisen *können*. Trotzdem kann es für den Kläger von Interesse sein, seinen Schaden mit der Höhe seiner (vergeblichen) Aufwendungen zu beziffern, weil es sich dabei um leicht auszuweisende Beträge handelt und somit die Darlegungspflicht des Klägers erleichtert ist.

Im Unterschied dazu ergibt sich keine *Vermögensdifferenz*, wenn z. B. der Vermieter eines „Ferienhauses in ruhiger Lage" vertragsbrüchig wird und dem Reisenden ein solches neben einer lärmenden Großbaustelle anbietet. Jedoch wird man hier sagen können, daß sich die Parteien über einen bestimmten Preis für die Leistung des Reiseveranstalters/Vermieters geeinigt haben; durch eine solche *vertragliche Vereinbarung* können aber auch ansonsten immaterielle Werte im Verhältnis der Parteien einen Vermögenswert erlangen[20]. Mit dem *Reichsgericht* ist eben „bei der Schadensersatzrechnung davon auszugehen, daß sich die beiderseitigen Leistungen nach dem Parteiwillen als gleichwertig gegenüberstehen"[21]. Dies erscheint durchaus interessengerecht: Es ist zwar einem deliktischen Schädiger nicht zuzumuten, daß er Geldersatz für Genußbeeinträchtigungen und ähnliches leistet, dagegen hat

---

[17] So auch *Grunsky*, NJW 1975, 610.
[18] RG Seuff. Arch. Bd. 81, 360.
[19] RG JW 1912, 686.
[20] Dazu *Grunsky*, NJW 1975, 610; *Stoll*, JZ 1975, 255; vgl. auch BGH JZ 1955, 581.
[21] RG JW 1913, 596; dagegen *Keuk*, 155 - 161.

es der Vertragspartner in der Hand, inwieweit er Verpflichtungen übernimmt. Hat er aber solche Verpflichtungen übernommen und einen Vertrauenstatbestand geschaffen, so muß er auch für die Folgen einstehen.

Damit kann festgehalten werden, daß auch solche Aufwendungen, die ein Reisender für einen Urlaubs- bzw. Freizeitgenuß gemacht hat, grundsätzlich im Rahmen des Schadensersatzes wegen Nichterfüllung gleichsam als Mindestschaden berücksichtigt werden können.

Zu Recht weist jedoch *Baur* darauf hin, daß auch im Rahmen des Erfüllungsinteresses ein globaler Ersatz für „vertane Urlaubstage" nicht möglich ist[22]. Ebenso ist der Vorschlag von *Stoll*, dem Geschädigten durch die Fiktion einer *Vertragsstrafevereinbarung*[23] zu helfen, abzulehnen; damit wird dem Willen zumindest einer vertragsschließenden Partei zu sehr Gewalt angetan.

Der durch *Vertragsverstoß* geschädigte Urlauber hat also schon bei entsprechender Anwendung der herkömmlichen Schadenslehre in der Regel[24] folgende Möglichkeiten:

1. Wandelung — Minderung

Voraussetzung ist, daß die Leistung mit einem *Mangel* behaftet ist, der den Wert oder die Tauglichkeit mehr als nur unerheblich mindert (§ 634 Abs. 3 BGB). Eine Fristsetzung mit Ablehnungsandrohung wird in diesen Fällen oft entbehrlich sein, da entweder die Beseitigung des Mangels unmöglich ist oder die sofortige Geltendmachung des Anspruchs auf Wandelung oder Minderung durch ein besonderes Interesse des Bestellers gerechtfertigt ist[25]. Auch bei der Frage des Verzichts oder der Verwirkung von Mängelrechten wird man Zurückhaltung üben müssen, da beim Pauschalreisevertrag eine andere Interessenlage zugrundeliegt als beim Leitbild des Werkvertrags[26].

Im Ergebnis werden sich kaum Unterschiede ergeben, ob Wandelung oder Minderung geltend gemacht wird, da der Reisende, da er die Werkleistung des Reiseunternehmers nicht in Natur zurückgewähren kann, deren *Wert* vergüten muß (§ 346 S. 2 1. Alt. BGB analog). Auf die beiderseitigen Rückgewährpflichten aus einer Wandelung ist aber die Diffe-

---

[22] *Baur*, FS L. Raiser, 137.
[23] *Stoll*, JZ 1975, 255.
[24] Hier wird unterstellt, es gelte Werkvertragsrecht; in anderen Fällen (Miete) gilt ähnliches. Vgl. zu den verschiedenen Möglichkeiten des Urlaubers auch *Honsell*, JuS 1976, 223 ff.
[25] Vgl. *BGHZ* 60, 14; *Honsell*, JuS 1976, 222, 223 FN 11.
[26] So auch die Rechtsprechung; vgl. *OLG Köln*, NJW 1973, 1083; *OLG Hamm*, NJW 1975, 123.

E. Folgerungen für die Fallgruppen

renztheorie entsprechend anwendbar[27], so daß der Reisende nur die Differenz zwischen Leistung und Gegenleistung verlangen kann, wobei der Wert der in Anspruch genommenen Gegenleistung nach objektiven Kriterien zu bestimmen ist[28]. Wegen der grundsätzlichen Schwierigkeit der Rückgewähr des Erlangten könnte man in diesen Fällen durch Vertragsauslegung zum Ausschluß der Wandelung kommen[29].

2. Schadensersatz wegen Nichterfüllung

Hat der Reiseveranstalter den Mangel zu vertreten, so kann der Reisende *Schadensersatz* wegen Nichterfüllung verlangen (§ 635 BGB)[30]. Der Interesseausgleich orientiert sich dann an dem Zustand, der bestehen würde, wenn der Veranstalter ordnungsgemäß erfüllt hätte[31].

Der Urlauber hat im Fall der Nichterfüllung z. B. die Möglichkeit, sich selbst zu versorgen indem er auf Kosten des Vertragspartners eine *Ersatzwohnung* mietet[32].

Der Nichterfüllungsschaden umfaßt aber auch den im voraus bezahlten Reisepreis und zusätzlich sonstige *Aufwendungen*, die speziell für diesen Urlaub gemacht wurden[33]; ebenso die selbst aufgewendeten Rückreisekosten[34], wenn der Urlauber sofort auf eigene Kosten nach Hause fährt, bzw. die An- und Rückreisekosten von „Selbstfahrern"[35]. Der Ersatz der zuletzt genannten Kosten kann allerdings problematisch werden, wenn der Urlauber nicht sofort nach Hause fährt, sondern sich wenigstens für kurze Zeit in einem anderen Hotel einmietet, so daß die Reisekosten nicht ganz entwertet sind. Hier müßte man wohl daran denken, einen *Teil* der Reisekosten als Schadensersatz zuzubilligen[36].

---

[27] *RGZ* 66, 67; 96, 23; *Staudinger-Kaduk*, § 348 Rdnr. 10; *Palandt-Heinrichs*, § 348 Bem. 1.

[28] *Schlosser*, JZ 1966, 428, 430; *Palandt-Thomas*, § 634 Bem. 3a; anders, wenn die Werkleistung überhaupt keinen Wert hat für den Besteller (*RG*, Gruch. 56 Nr. 5; *Koller*, DB 1974, 2385 FN 4.

[29] Vgl. *OLG Koblenz*, NJW 1962, 741.

[30] Der Schadensersatzanspruch steht zur Wandelung / Minderung in einem Alternativverhältnis; vgl. *Honsell*, JuS 1976, 224.

[31] Vgl. *Baur*, FS L. Raiser, 136; *Honsell*, JuS 1976, 224 l. Sp.

[32] *Baur*, FS L. Raiser, 136; *KG* MDR 1971, 1007.

[33] Vgl. *Grunsky*, NJW 1975, 610; z. B. für Tropenanzug usw. Vgl. zu den Wahlmöglichkeiten des Gläubigers im Rahmen des § 635 BGB die Entscheidung *BGH* JZ 1959, 125 mit Anm. von *Erman*.

[34] *OLG Frankfurt*, NJW 1973, 473.

[35] Vgl. *BGH* JZ 1974, 335 mit Anm. von *Medicus*.

[36] Vgl. auch *OLG Köln*, NJW 1975, 561. Dort war der Klägerin (Selbstfahrer) nicht, wie vereinbart, ein Ferienhaus für 4 Wochen zur Verfügung gestellt worden; sie mietete sich und ihre 2 Kinder wenigstens für 10 Tage in einem Hotel ein. Die Klägerin erhielt die Hälfte ihrer *Reise*kosten und die im voraus bezahlten Mietkosten erstattet.

Nimmt der Urlauber eine mangelhafte (Ersatz-)Leistung in Anspruch, so kann er nicht den vollen Reisepreis liquidieren, sondern muß sich den Wert dieser Leistung, bzw. das, was er sonst an Aufwendungen gehabt hätte, anrechnen lassen[37].

II. Entgangene Gebrauchsvorteile als Vermögensschaden

1. Nutzungsausfallentschädigung in Höhe der fiktiven Mietkosten

Entsprechend der vorigen Fallgruppe ist auch hier zu prüfen, ob eine *Nutzungsausfallentschädigung* nach Vertragsverstoß in Frage kommt, und zwar im Rahmen des Schadensersatzes wegen Nichterfüllung des ganzen Vertrags und wegen Verzug.

Die Vertreter des Kommerzialisierungsgedankens müßten auch hier eine abstrakte Nutzungsausfallentschädigung zubilligen. Es kommt nach diesem Ansatz nicht darauf an, daß der Eingriff direkt am Gebrauchsgegenstand erfolgt[38]; entscheidend ist vielmehr, daß der Berechtigte nicht über die Gebrauchsmöglichkeit verfügen bzw. disponieren kann, auf die er einen Anspruch hat. Es wäre auch völlig interessenwidrig, den vertraglich Geschädigten schlechter zu stellen als den deliktisch Geschädigten[39].

Geht man jedoch vom Differenzschadensbegriff aus, so zeigt sich, daß die entgangene Gebrauchsmöglichkeit überhaupt nicht in einer Vermögensbilanz auftauchen kann. Die Nutzungsmöglichkeit als solche ist nur eine *Erscheinungsform* des Eigentums[40].

Würde man dem Gläubiger trotzdem eine abstrakte Nutzungsausfallentschädigung in Höhe der fiktiven Mietkosten zubilligen, so würde er im Ergebnis so gestellt, als habe er *vermietet!* Der Käufer einer Maschine könnte im Fall des Verzugs des Verkäufers den objektiven Gebrauchswert (Mietkosten) für diese Maschine liquidieren ohne Rücksicht darauf, daß er tatsächlich einen Gewinn gemacht hätte. Dem Verkäufer wäre sogar die Möglichkeit des Gegenbeweises, die er in § 252 BGB hat[41], genommen[42].

---

[37] *OLG Frankfurt*, NJW 1973, 471; vgl. *Palandt-Thomas*, § 635 3a.

[38] a. A. *Batsch* (NJW 1975, 1163), der den Kommerzialisierungsgedanken auf die Fälle beschränken will, in denen eine Verletzung des *Sacheigentums* vorliegt. Die bisherige Rechtsprechung deutet darauf hin, daß „der Gläubiger im Fall der Vertragsverletzung nicht schlechter gestellt sein soll als ein durch unerlaubte Handlung Geschädigter" (OLG Nürnberg, DAR 1969, 300).

[39] Vgl. *Stoll*, JZ 1971, 595.

[40] *Larenz*, FS Nipperdey I, 498 ff.; *Löwe*, VersR 1963, 307 (309). *Keuk*, Vermögensschaden und Interesse, 214 f.

[41] Die h. M. geht von der „Beweisregelungstheorie" aus; vgl. BGHZ 29, 393 (397); *Esser*, SchR I § 41 5b.

[42] Vgl. *Löwe*, NJW 1964, 704; *Tolk*, JZ 1975, 532.

Der Gläubiger hat daher auch in den Fällen, in denen die Gebrauchsmöglichkeit wegen Vertragsverstoßes ausbleibt, auch im Rahmen des Erfüllungsinteresses keinen Anspruch auf eine abstrakte Nutzungsausfallentschädigung.

2. Ersatz von Aufwendungen

Es ist noch zu prüfen, ob ein (anteiliger) Ersatz von *Aufwendungen* in Betracht kommt, wenn ein Gebrauchsgegenstand infolge von Mängeln, die der Schuldner zu vertreten hat, oder infolge von Verzug eine *Zeitlang* nicht benutzt werden kann[43].

Entscheidend ist hier, daß der Gläubiger das vermögenswerte Äquivalent[44], für das er die Aufwendungen gemacht hat, schließlich in mangelfreiem Zustand erhält. Sind ihm im Hinblick auf die ausgefallene Nutzungsmöglichkeit keine konkreten Aufwendungen enstanden, hat er insoweit keinen *Vermögensschaden* erlitten; die Nutzungsmöglichkeit ist lediglich *zeitlich* verschoben[45].

Wird jedoch der Mangel nicht beseitigt oder bleibt die vertragsgemäße Erfüllung sonst aus[46], so bemißt sich der Schaden des Gläubigers daran, um wieviel die Leistung weniger wert ist, bzw. daran, wieviel der Gläubiger aufwenden mußte, um den geschuldeten Erfolg *selbst* herbeizuführen.

Die Übertragung *betriebswirtschaftlicher* Berechnungsmethoden auf das Schadensausgleichsrecht, wie sie das *OLG Köln*[47] (Abschreibung und Verzinsung des Anlagekapitals bzw. der Herstellungskosten) vornimmt, hat dagegen nichts mehr mit dem *natürlichen* Schadensbegriff des BGB zu tun. Diese Art der Schadensberechnung wird auch nicht durch die besondere Interessenlage beim Ausgleich eines *Nichterfüllungsschadens* gedeckt.

---

[43] Vgl. Schwimmhalle-Fall (*OLG Köln*, NJW 1974, 560), wo die Schwimmhalle des Klägers etwa 2 Jahre lang nicht benutzbar war.
[44] In diesem Fall die Schwimmhalle als solche.
[45] Vgl. *Larenz*, FS Nipperdey I, 501.
[46] Wenn z. B. der geschuldete Umbau des Wagens nicht vorgenommen wird (*OLG Stuttgart*, VersR 1967, 1207).
[47] Schwimmhalle-Fall, *OLG Köln*, NJW 1974, 560.

SIEBENTER TEIL

Die Kritik der Ausweitung der Schadensersatzpflicht bei deliktischer Schädigung

A. Die Kritik des Kommerzialisierungsgedankens und der Bedarfslehre

I. Der Vermögensbegriff

Zwar kann die „Erkaufbarkeit" eines Guts in der Regel einen *Hinweis* geben, ob dieses zum Vermögen gehört oder ein immaterielles Gut ist, jedoch kann dieses Kriterium nicht allein entscheidend sein. Dies zeigen einige Beispiele[1]: so würde das durch kosmetische Operation erhaltene „klassisch-römische Profil" einer Hausfrau plötzlich Vermögenswert erlangen, weil die Operation viel Geld gekostet hat. Der „Wert der Nase" richtete sich dabei nicht nach dem Schönheitserfolg, sondern allein nach der Liquidation des Chirurgen.

Selbst eine Skiabfahrt — eine rein sportliche Betätigung — würde zum Vermögenswert, sobald man gegen entsprechende Bezahlung den Lift benutzte. Bestiege man dagegen den Berg „im Schweiße seines Angesichts" mit Seehundsfellen, bliebe das Vergnügen ein immaterielles Gut[2]. Würden beide Skifahrer während der Abfahrt angefahren und verletzt, so könnte nur der erste einen Vermögensschaden liquidieren.

Es zeigt sich also, daß sich der Ansatz, demzufolge alles, was irgendwie geldlich bewertet werden kann, einen Vermögenswert hat, zwar *formal* konsequent durchgeführt werden kann, mit dem Vermögensbegriff des BGB aber nichts mehr zu tun hat[3].

Die Kommerzialisierungsrechtsprechung fordert daher auch zusätzlich, die *Verkehrsauffassung* müsse ein Gut dem Vermögen zuordnen[4]. Methoden für die Erforschung der jeweiligen Verkehrsauffassung sind durchaus denkbar, aber an sie hat die Rechtsprechung sicherlich nicht gedacht[5]. Bei der Ermittlung der jeweiligen Verkehrsauffassung scheint

---

[1] Vgl. *Landwehrmann*, Diss., 36, mit weiteren Beispielen.
[2] Oder müßte man auch hier sagen, „es soll den Schädiger nicht entlasten", wenn der Geschädigte Strapazen auf sich genommen hat?
[3] Diesen Vorwurf wird man vor allem *Grunsky* machen müssen.
[4] Vgl. oben III. Teil, A II und III.
[5] *E. Schmidt* (Normzweck und Zweckprogramm, 152 ff.) weist auf die empirisch-theoretischen Wissenschaften wie z. B. die analytische Soziologie hin;

A. Die Kritik des Kommerzialisierungsgedankens und der Bedarfslehre

sich die Rechtsprechung vielmehr von ganz konkreten Zielvorstellungen leiten zu lassen. Es geht nicht darum, die Verkehrsauffassung *empirisch* nachzuweisen, sondern darum, ein gewisses Maß an *Flexibilität* zu gewinnen, um die „billige" Entscheidung im Einzelfall irgendwie dogmatisch absichern zu können[6].

Ein solcher Vermögensbegriff erscheint als theoretisch vertretbar, zumal es sicher richtig ist, daß einige Gründe, die den Gesetzgeber zur Regelung des § 253 BGB in seiner jetzigen Form bewogen haben, heute nicht mehr überzeugen zu können. Es ist aber sicher unzulässig, das Problem des § 253 BGB auf die Frage der *Meßbarkeit* eines Schadens reduzieren zu wollen.

§ 253 BGB ist nicht durch neuere Gesetze oder in einer ständigen und im wesentlichen unangefochtenen Rechtsprechung grundlegend verändert worden[7]. Solange das aber nicht geschehen ist, besteht an seiner Gültigkeit kein Zweifel. Es ist im Gegenteil davon auszugehen, „daß § 253 BGB mehr an (den Gesetzesverfassern selbst vielleicht unbewußter) praktischer Lebensweisheit enthält, als es die Befürworter einer mehr oder minder schrankenlosen ‚Kommerzialisierung' aller Lebensgüter wahrhaben wollen"[8].

1. Der Vermögensbegriff im Hinblick auf die Fallgruppen

a) Gebrauchsmöglichkeit als Vermögenswert

Daß die Gebrauchsmöglichkeit neben dem Substanzwert einer Sache keinen selbständigen Vermögenswert hat, wurde von *Löwe* und *Larenz* mit überzeugenden Argumenten nachgewiesen[9]. Der Vermögensbegriff des BGB orientiert sich an der Summe geldwerter Rechte und Güter einer Person. Die Gebrauchsmöglichkeit einer Sache erscheint nicht als selbständiger Posten in einer Vermögensbilanz. Sie ist Ausdruck bzw.

---

vgl. dazu auch *Hopt*, Was ist von den Sozialwissenschaften für die Rechtsanwendung zu erwarten? JZ 1975, 341 ff., vor allem 343, 346 f.

[6] Insoweit ist die Kommerzialisierungsrechtsprechung auch beweglicher als der Frustrierungsgedanke.

[7] *Larenz*, FS Nipperdey I, 507; *Honsell*, JuS 1976, 225 f.

[8] *Larenz*, 507 FN 40. Vor allem ist die „Kommerzialisierung" aller Lebensgüter nicht notwendig, um einen wirksamen *Persönlichkeitsschutz* zu erreichen. Es besteht wohl ein eindeutiger Unterschied, ob kleine Beeinträchtigungen in Form vorübergehender Gebrauchsverluste oder Genußbeeinträchtigungen vorliegen oder ein Eingriff in das Ansehen, Ruf, Ehre (Persönlichkeitsschutz i. e. S.). Aber selbst dort erscheint es als sehr fragwürdig, wenn solche Beeinträchtigungen in klingende Münze umgewandelt werden sollen. Diese Rechtsprechung ist daher durchaus umstritten, soweit es um Geldersatz geht! Kritisch *Larenz*, NJW 1955, 521; *L. Raiser*, Der Stand der Lehre vom subjektiven Recht im Deutschen Zivilrecht, JZ 1961, 465, 470.

[9] *Larenz*, FS Nipperdey I, 498 ff.; *Löwe*, VersR 1963, 307, 309; *Mayer-Maly*, VersR 1969, 867.

Erscheinungsform des Eigentums[10] und wird daher auch nicht in eine Schadensbilanz aufgenommen.

b) Urlaub und Freizeit als Vermögenswert

Bei der Frage, ob „Urlaub" oder „Freizeit" einen Vermögenswert haben, ist die Antwort der Kommerzialisierungsrechtsprechung am wenigsten überzeugend. Auffallend ist vor allem, daß diese Begriffe nicht genügend differenziert verwendet werden, und daß zwanghaft versucht wird, eine *Parallele* zwischen dem *Nutzungsentgang* bei *Kfz* und der entgangenen Urlaubszeit herzustellen[11].

Zur terminologischen Klärung mag es beitragen, wenn von „Urlaub" von vornherein nur beim Urlaub des Arbeitnehmers im Sinne des Bundesurlaubsgesetzes gesprochen wird[12]. In allen anderen Fällen erscheint es sinnvoll nur von *Freizeit* zu sprechen. z. B. auch dann, wenn ein Arbeitnehmer zusätzlichen *unbezahlten* „Urlaub" nimmt. Ebenso, wenn ein Selbständiger auf Unternehmergewinn verzichtet oder eine Aushilfskraft einstellt, um zusätzliche Freizeit zu gewinnen. In all diesen Fällen besteht zwischen Freizeit und Urlaubszeit *kein* Unterschied!

Damit ist auch der richtige Ansatzpunkt für die Fälle gewonnen, bei denen durch besondere Aufwendungen ein besonderer *Freizeitwert*[13] „erkauft" wird[14]. Dieser Freizeitwert kann „von der Stange" gekauft werden, während der Urlaub an die *Person* gebunden ist.

Im folgenden soll anhand von *Fallgruppen* geprüft werden, ob bei verschiedenen Personengruppen „Erkaufbarkeit" und „Verkehrsauffassung" als konstitutive Elemente des Kommerzialisierungsgedankens vorliegen.

aa) Urlaub eines Arbeitnehmers nach dem BUrlG als Vermögenswert

Anders als die Gebrauchsmöglichkeit eines Kfz kann der Urlaub im Sinne des BUrlG nicht „auf dem Markt" ge- oder verkauft werden. Mit dem BUrlG hat der Gesetzgeber eine eindeutige *rechtspolitische Entscheidung* getroffen. Der Arbeitnehmer *muß* seinen Urlaub nehmen, er kann ihn sich nicht abkaufen lassen[15]. Nach richtiger Sicht ist der Urlaub *nicht* als *Gegenleistung* für erbrachte Arbeit anzusehen, sondern

---

[10] *Larenz*, 499; *Löwe*, VersR 1963, 309.
[11] So auch *Grunsky*, NJW 1975, 610.
[12] Es wird sich zeigen, daß auch hier — bei schadensrechtlichen Fragen — kein Unterschied zur Freizeit des Arbeitnehmers besteht!
[13] Vgl. zur Terminologie *Grunsky*, NJW 1975, 610.
[14] z. B. in Form von Dienstleistungen.
[15] Vgl. *Stoll*, JZ 1975, 253.

A. Die Kritik des Kommerzialisierungsgedankens und der Bedarfslehre

eine von vornherein bestehende Beschränkung der geschuldeten Arbeitsleistung[16]. Wenn das BUrlG Regeln über die Abgeltung für den Fall enthält, daß der Arbeitnehmer den Urlaub nicht nehmen kann, so darf daraus nicht gefolgert werden, der Urlaub sei eben durch die Arbeitsleistung erkauft und diesen Abgeltungsbetrag wert. Dem widerspricht eindeutig § 7 BUrlG. Daran kann auch eine „wirtschaftliche Betrachtungsweise" nichts ändern[17].

Auch gibt es keine *Verkehrsauffassung*, die dem Urlaub einen Vermögenswert beimißt. Nach der Verkehrsauffassung ist der Urlaub vielmehr ein „immaterielles Potential". Es gelten hier nicht die Gesetze des geschäftlichen, auf materiellen Erfolg ausgerichteten Lebens[18]. Nach der Verkehrsauffassung fehlt dem Urlaub jede Beziehung zum Materiellen[19].

bb) Freizeit als Vermögenswert

Etwas anderes könnte in den Fällen gelten, in denen ein unbezahlter Zusatz„urlaub" eines Arbeitnehmers oder der „Urlaub" eines Selbständigen durch Verzicht auf Unternehmergewinn „erkauft" ist. Nach richtiger Sicht besteht jedoch auch hier kein Unterschied zwischen Urlaubszeit und Freizeit. Die zusätzliche Freizeit erhält keinen Vermögenswert deshalb, weil sie „erkauft" ist. Wenn sich z. B. eine Hausfrau durch Anschaffung einer Geschirrspülmaschine oder ähnlichem zusätzliche Freizeit „erkauft", wird wohl niemand auf die Idee kommen, dieser Freizeit einen Vermögenswert beizumessen[20]. Auch erhält die Freizeit, die durch Einstellen eines Vertreters ermöglicht wird, keinen Vermögenswert. Wie soll sonst wohl der Fall gelöst werden, daß ein Firmenchef einen hochbezahlten Prokuristen einstellt, um zusätzliche Zeit zum Reisen, Tennisspielen usw. zu haben? Soll die *zusätzliche* Freizeit einen Vermögenswert haben; wie ließe sich die vermögenswerte von der nichtvermögenswerten Freizeit exakt abgrenzen[21]?

Gerade bei *Selbständigen* zeigt es sich, daß sich eine klare Abgrenzung zwischen Urlaub und Freizeit nicht durchführen läßt. Ein Selb-

---

[16] Vgl. *Grunsky*, NJW 1975, 610. Die früher vom *Reichsarbeitsgericht* vor der Grundsatzentscheidung vom 16. März 1938 (ARS 32, 316 ff.) vertretene *Entgelttheorie* wird weithin als überholt angesehen; vgl. *Boldt/Röhsler*, BUrlG § 1 Rdnr. 5 m. w. Nachw.

[17] Vgl. *Heldrich*, NJW 1967, 1737.

[18] *Landwehrmann*, Diss., 39.

[19] *Hanhardt*, Arbeiter in der Freizeit, 189.

[20] Vgl. auch *Landwehrmann*, Diss., 37.

[21] Die Unterscheidung zwischen vermögenswertem Urlaub und Freizeit ohne Vermögenswert führt zu unsinnigen Ergebnissen: Fährt jemand, dessen Urlaub am Montag beginnt, am Freitag nachmittag los und wird der Urlaub „vergeudet", so wäre der Zeitverlust von Freitag nachmittag bis Montag früh ein immaterieller Schaden, ab Montag ein Vermögensschaden!

ständiger teilt sich seine Zeit selbst ein; es besteht kein Unterschied, ob er sich zu einem „verlängerten Wochenende" oder zu einer zweiwöchigen Reise entschließt. Die Dauer einer Freizeitperiode kann aber nicht über ihre Qualität entscheiden. Auch nicht die Art und Weise, wie sie verbracht wird.

Konsequenter als die Kommerzialisierungsrechtsprechung erscheint immerhin noch *Grunsky*, der die Unterscheidung Urlaub/Freizeit ablehnt und die These aufstellt, die Freizeit habe deshalb Vermögenswert, weil der Betroffene in ihr Geld verdienen könne. Damit erst ist man beim Kern der Sache. Nur wenn man bejaht, daß *Freizeit* einen Vermögenswert hat, läßt sich die Rechtsprechung zur Beeinträchtigung von Urlaubsgenuß rechtfertigen.

Soll jedoch die Unterscheidung von Vermögens- und Nichtvermögenswerten auch nur irgendeinen Sinn haben, so wird man wohl kaum davon ausgehen können, daß Freizeit einen Vermögenswert hat[22].

cc) Kommerzialisierung von Freizeit durch Aufwendungen

Es bleibt die Frage zu klären, ob Urlaub/Freizeit zu einem Vermögenswert wird, wenn konkrete Aufwendungen für einen bestimmten *Freizeitwert* gemacht wurden. Hier zeigt es sich besonders deutlich, daß das Schlagwort vom „kommerzialisierten Urlaub" nur Verwirrung stiftet und nichts zur Problemlösung beiträgt. Es handelt sich hier nämlich um die ganz *allgemeine* Frage, ob unnütz aufgewendete Kosten liquidiert werden können. Ob es sich um eine Urlaubs- oder Geschäftsreise handelt, ist völlig gleichgültig[23].

Gerade hier wird deutlich, daß es sinnlos ist, das Problem des vergeudeten oder beeinträchtigten Urlaubs „abstrakt" als schadensrechtliches Problem zu behandeln. Ist das „erkaufte" Äquivalent nämlich durch *Vertragsverstoß* (teilweise) ausgeblieben, so hat der Geschädigte die Möglichkeit, nach Vertragsgrundsätzen Schadensersatz zu verlangen. Im Vertragsrecht haben es die Parteien in der Hand, was sie als Vermögenswert ansehen wollen und wieviel ihnen eine Leistung wert ist[24].

II. Kritik am Begriff des Vermögensschadens

Kritik verdient zunächst die Prämisse der Kommerzialisierungstheorie, daß die Beeinträchtigung eines jeden Vermögenswerts *grundsätz-*

---

[22] *Larenz*, FS Nipperdey I, 496; *Heldrich*, NJW 1967, 1737 ff.
[23] *Grunsky*, NJW 1975, 610.
[24] *Baur*, FS L. Raiser, 125 f., 136 f.; *Grunsky*, NJW 1975, 610.

A. Die Kritik des Kommerzialisierungsgedankens und der Bedarfslehre 99

lich einen Vermögensschaden auslöse, der nur noch irgendwie berechnet werden müsse.

Das BGB geht von einem *subjektiven* Schadensbegriff aus[25]; das bedeutet, daß sich durch das schädigende Ereignis gerade im Vermögen des Geschädigten eine *Lücke* ergeben haben muß. Es wird zwar auch Schadensersatz wegen entgangenen Gewinns zugebilligt (§ 252 BGB), aber auch hier handelt es sich um konkreten Schaden, der dem Gegenbeweis durch den Schädiger zugänglich ist[26]. Nach der Systematik des Gesetzes wird also nicht schon die Beeinträchtigung von Anwartschaften, Gewinn- und Erwerbsaussichten als Vermögensschaden angesehen. Nur wenn sich die Beeinträchtigung dieser Positionen *konkret* im Vermögen des Betroffenen auswirkt, kann man von einem Vermögensschaden sprechen[27]. Weiterhin folgt daraus, daß ein Vermögensschaden nur dann vorliegt, wenn eine *Lücke* im Vermögen des Betreffenden entstanden ist, die zum Ausgleich mit einer Geldentschädigung *geeignet* ist[28]. Eine solche Lücke wird aber am besten durch den rechnerischen Vergleich der Vermögenslagen des Geschädigten im Sinne der Differenztheorie festgestellt. Die vermögensbezogene Gesamtrechnung bietet sich also sowohl bei der Feststellung des Vermögensbestands als auch bei der Feststellung des Schadens als praktikabler Ansatzpunkt an.

In diese Konzeption fügt sich auch § 253 BGB ohne Schwierigkeiten ein. Über die Vermögenszugehörigkeit eines Guts entscheidet die Verkehrsauffassung[29]. Diese äußert sich darin, ob ein Gut in eine Vermögensbilanz aufgenommen wird oder nicht. Eine solche Sicht der Dinge wurde von den Verfassern des BGB als selbstverständlich vorausgesetzt. Die objektive oder generalisierende Schadensberechnung ist vom Gesetz nur in Ausnahmefällen zugelassen[30]. Dagegen verstößt auch die Fiktion eines „Bedarfsschadens"[31], mit der versucht wird, aus Nichtvermögensschäden Vermögensschäden zu machen. Der Hinweis, der Geschädigte könne gemäß § 249 S. 2 BGB auch den zur Herstellung erforderlichen Geldbetrag verlangen und über diesen beliebig disponieren, überzeugt nicht. Die herrschende Meinung geht zu Recht davon aus, daß der Herstellungsanspruch aus § 249 S. 2 BGB *akzessorisch* ist zur Möglichkeit der Herstellung[32]. Der Sinn des Anspruchs nach § 249 S. 2 BGB

---
[25] Vgl. oben Teil II.
[26] Vgl. *BGHZ* 29, 398; *BGH* NJW 1964, 662; *BGHZ* 54, 55; *BAG* NJW 1968, 72.
[27] *Keuk*, Vermögensschaden und Interesse, 211 f.
[28] *Keuk*, 213.
[29] Vgl. *E. Schmidt*, Athenäum Zivilrecht 1, 565. Der Kommerzialisierungsgedanke sollte nicht *konstitutiv* sein.
[30] z. B. im kaufmännischen Warenverkehr § 376 HGB; § 252 BGB ist *kein* Fall der abstrakten Schadensberechnung, vgl. oben V. Teil FN 11.
[31] Oben IV. Teil, D.
[32] Oben IV. Teil FN 103.

ist nicht der, daß eine Geldentschädigung auch dann zugebilligt wird, wenn ein Vermögensschaden gar nicht enstanden ist. Es soll lediglich verhindert werden, daß dem Gläubiger die Naturalherstellung ausgerechnet durch denjenigen, der die Sache beschädigt oder die Körperverletzung zugefügt hat, aufgezwungen wird[33]; dem Gläubiger wird mit § 249 S. 2 BGB die Möglichkeit eröffnet, die Naturalherstellung selbst vorzunehmen.

Die These vom Bedarfsschaden ist so lange unschädlich, als echte Vermögensschäden ersetzt werden, da der Entschädigungsanspruch dort ohnehin aus § 251 Abs. 1 BGB gerechtfertigt ist[34]. In den Fällen, in denen Herstellung aber nicht mehr möglich ist, oder wo es dem Geschädigten offensichtlich nicht um Herstellung, sondern um einen Geldbetrag als Entschädigung geht, ist ein Anspruch aus § 249 S. 2 BGB ganz abzulehnen[35], da es sich nur um eine Umgehung des § 253 BGB handelt.

1. Kritik der Schadensfeststellung und -berechnung bei der Kommerzialisierung von Gebrauchsvorteilen

Problematisch ist vor allem, ob sich ein „subjektbezogener"[36] Schadensbegriff überhaupt durchführen läßt von der Prämisse aus, daß die auf einem Gebrauchsrecht beruhende Gebrauchsmöglichkeit als solche einen objektiven Vermögenswert darstelle und seine Beeinträchtigung deshalb ein Vermögensschaden sei.

Nach der Rechtsprechung des *BGH* sollen erst die abstrakte Gebrauchsmöglichkeit zusammen mit der subjektiven Gebrauchsmöglichkeit und dem Gebrauchswillen die vermögenswerte Rechtsposition „Gebrauchsmöglichkeit" ergeben[37]. Wenn jedoch auch subjektive Momente in die Prüfung, ob ein Schaden vorliegt, einbezogen werden, stellt sich auch die Frage, ob man in den Fällen, in denen nicht der Gebrauchsgegenstand beschädigt, sondern die genannten subjektiven Momente durch zurechenbaren Eingriff beseitigt sind, von diesen abstrahieren darf. Aus dem oben dargestellten „subjektbezogenen" Schadensbegriff könnte man auch folgern, daß schon die Beseitigung der subjektiven Momente den Vermögensschaden auslöst[38].

Konsequenter scheint die Ansicht *Grunskys*, der vom objektiven Wert der Gebrauchsmöglichkeit ausgeht und auf das Schicksal eben die-

---

[33] *Keuk*, 221 ff.; *Detlefsen*, 16.
[34] *Keuk*, 221.
[35] Einen Hinweis in diese Richtung gibt schon *RG* HHR 1933, Nr. 1405; *Planck-Siber*, § 249 N 3b; *Kreß*, SchR AT, 347 FN 17; *Askenasy*, 376 FN 8.
[36] Stichwort „Fühlbarkeit".
[37] Vgl. *Werber*, AcP 173, 164.
[38] So auch *Werber*, AcP 173, 164.

A. Die Kritik des Kommerzialisierungsgedankens und der Bedarfslehre 101

ser Gebrauchsmöglichkeit abstellt. Bei einer persönlichen Nutzungsverhinderung liegt danach lediglich ein Eingriff in die Dispositionsmöglichkeit vor[39]. Wird jedoch das Vermögensgut als solches beeinträchtigt, liegt immer ein Vermögensschaden vor, auf Nutzungswillen und -möglichkeit kommt es nicht an[40].

Es zeigt sich, daß die Kommerzialisierungsrechtsprechung letztlich aus „Billigkeitsgesichtspunkten" Abstriche an der ursprünglichen Konzeption macht und dabei Widersprüche in Kauf nimmt. Es werden zwei verschiedene Schadensbegriffe *kumuliert*, wobei aus dem einen die (abstrakte) Berechenbarkeit, aus dem anderen die Beeinträchtigung konkreter subjektiver Zwecke abgeleitet wird.

2. Kritik der Schadensfeststellung und -berechnung bei Urlaubs- bzw. Freizeitfällen

a) *Schadensberechnung, wenn Aufwendungen für Freizeitwert gemacht wurden*

Sind bestimmte Aufwendungen für einen besonderen Freizeitwert gemacht worden, und werden diese Aufwendungen durch ein schädigendes Ereignis nachträglich entwertet, so genügt der Hinweis auf die *Inkommensurabilität*[41] solcher Einbußen nicht, um einen Schadensersatzanspruch in jedem Fall abzuweisen. Werden diese Aufwendungen durch *Vertragsverstoß* entwertet, so würde niemand anstehen, den Schaden am Wert der geschuldeten Leistung zu messen. Die Schätzung des Schadens kann gemäß § 287 ZPO erfolgen, da objektive Anhaltspunkte durchaus vorliegen[42]. Werden dieselben Aufwendungen durch *deliktische* Schädigung entwertet, so scheitert ein Schadensersatz nicht an der mangelnden Meßbarkeit, sondern daran, daß infolge einer anders gelagerten *Interessenlage* die Einbeziehung von nutzlosen Aufwendungen in den Schadensausgleich grundsätzlich nicht in Frage kommt.

b) *Schadensberechnung bei Urlaub (Freizeit) „als solchem"*

Dagegen ergeben sich erhebliche Bedenken gerade auch im Hinblick auf die Meßbarkeit beim Schadensersatz für entwerteten Urlaub (Freizeit) „als solchen".

Der Hinweis auf die Kosten, die ein *zusätzlicher* Urlaub verursachen würde, vermag nicht zu überzeugen. In einem Fall des „Totalschadens"

---

[39] *Grunsky*, Aktuelle Probleme, 44.
[40] *Grunsky*, Aktuelle Probleme, 44.
[41] *Stoll*, Gutachten, 127.
[42] Unzulässig wäre es nur, über § 287 ZPO aus einem Nichtvermögensschaden einen Vermögensschaden machen zu wollen; das ist jedoch in den hier genannten Fällen vertraglicher Schädigung nicht der Fall.

wäre zwar das Problem der *Meßbarkeit* gemeistert, jedoch ist es völlig unbefriedigend, daß die Entschädigung in dieser Weise an den *Verdienst* des Geschädigten gebunden sein soll[43]. In der Regel wird es nämlich so sein, daß der „vertane" Urlaub einkommensschwächere Kreise (insbesondere Rentner, Studenten, Schüler usw., die überhaupt nichts „verdienen") stärker treffen wird als z. B. einen wohlhabenden Unternehmer[44].

Der Urlaub ist im Sinne der Kommerzialisierungsrechtsprechung jedoch auch dann — teilweise — „vertan", wenn nur schwerwiegende *Beeinträchtigungen* vorliegen[45]. Hier zeigt es sich aber, daß der Bereich, in dem mit Hilfe des § 287 ZPO Vermögensschäden *geschätzt* werden können, verlassen ist; objektive Kriterien dafür, welcher Teil des Verdienstes der jeweiligen Urlaubsbeeinträchtigung entspricht, sind nicht ersichtlich.

Dieses Problem versucht *Grunsky* zu umgehen, indem er einen Vermögensschaden nur dann bejaht, wenn die Freizeit *völlig* vergeudet ist[46]. Dadurch ist das Problem im Verhältnis zur Kommerzialisierungsrechtsprechung jedoch nur *verschoben*. Genauso wie der *BGH* feststellen muß, ob, bzw. in welchem Maß die Urlaubszeit selbst teilweise oder völlig „vertan" ist, muß *Grunsky* feststellen, ob die Freizeit vergeudet ist (dann Ersatz nach der optimalen Verdienstmöglichkeit) oder nur eine Beeinträchtigung vorliegt (dann überhaupt keine Entschädigung). Diese Abgrenzung kann jedoch durchaus problematisch sein[47]. Wie wäre z. B. der Fall zu entscheiden, daß ein Urlauber während des Urlaubs ca. 2 Stunden am Tag für die Regelung der Unfallfolgen aufwenden muß, oder daß er z. B. 2 volle Tage von seinem 10tägigen Urlaub aufwenden muß. Soll die vertane Freizeit hier stundenweise aufgerechnet werden? Wie ist die Einschränkung[48]: der Geschädigte muß die Möglichkeit gehabt haben, tatsächlich Geld zu verdienen, zu verstehen? An Sonn- und Feiertagen wäre diese Möglichkeit jedenfalls regelmäßig nicht gegeben. Eigenartig mutet es auch an, daß z. B. der arbeitswillige Arbeitslose kei-

---

[43] Dafür *BGH* JZ 1975, 251; dagegen *OLG Nürnberg*, MDR 1975, 581 (582).

[44] Vgl. auch *Landwehrmann*, Diss., 38; *Stoll*, JZ 1975, 255. Stoll schlägt vor, den Schadensersatz am Reisepreis zu orientieren, wenn man überhaupt den Urlaub „als solchen" berücksichtigen will.

[45] *BGH* JZ 1975, 252.

[46] Vgl. oben IV. Teil, A 3.

[47] Unzutreffend allerdings *Landwehrmann* (Diss., 33), der von einer Freizeitvergeudung im Sinne Grunskys spricht, wenn jemand zu einem Tennisturnier fährt und infolge eines schlechten Sitzplatzes nichts vom Spiel mitbekommt. Dabei handelt es sich jedoch auch nach *Grunsky* lediglich um eine (schadensrechtlich) unbeachtliche Beeinträchtigung des Freizeitwerts (*Grunsky*, NJW 1975, 611).

[48] *Grunsky*, Aktuelle Probleme, 78.

nen Schadensersatz für vergeudete Freizeit erhalten soll, während derjenige, der zwar Geld verdienen könnte, aber gar nicht daran denkt zu arbeiten, soviel verlangen kann, wie er bei *optimalem* Einsatz seiner Arbeitskraft hätte verdienen können!

c) *Die Schadensberechnung nach der Bedarfslehre*

Ähnliche Probleme ergeben sich bei der Feststellung des „Bedarfsschadens" im Sinne der Bedarfslehre. Da die Bedarfslehre vom *Herstellungsanspruch* gemäß § 249 S. 2 BGB ausgeht, kann ein Bedarfsschaden nur dann bejaht werden, wenn der Geschädigte einen Anspruch darauf hat, auf Kosten des Schädigers einen Ersatzurlaub zu machen[49].

Auch wenn man von einem sehr weiten Herstellungsbegriff ausgeht, der auch den vertanen Urlaub umfaßt[50], so ergeben sich immer noch Probleme im Hinblick auf die *Möglichkeit* der Herstellung. Es wird z. B. oft so sein, daß der Betreffende von seinem Arbeitgeber nicht freigestellt wird, oder daß er den Urlaub mit seinen schulpflichtigen Kindern verbringen will, die jetzt keine Ferien mehr haben usw.[51]. In diesen Fällen scheidet ein Herstellungsanspruch grundsätzlich aus[52].

Selbst wenn jedoch der Urlaub *theoretisch* nachzuholen wäre, stellt sich die Frage, wie zu entscheiden ist, wenn z. B. von einem 2wöchigen Urlaub auf Gran Canaria 4 Tage völlig vergeudet sind oder eine Woche „halb vergeudet" ist. Ist dann ein Anspruch des geschädigten Urlaubers auf einen erneuten 4tägigen Urlaub ebendort anzuerkennen oder kann der Geschädigte nur 4 Tage Freistellung von der Arbeit verlangen, die er dann im heimischen Freibad verbringen kann? Oder soll er sich wenigstens anteilig an den erneut fälligen Flugkosten beteiligen müssen?

Diese Fragen müßten jedenfalls geklärt sein, bevor man von einem „Bedarfsschaden" sprechen kann. Denn der Anspruch aus § 249 S. 2 BGB ist dem Anspruch aus § 249 S. 1 BGB *akzessorisch*[53]. Nur wenn ein Anspruch auf Herstellung gemäß § 249 S. 1 BGB besteht, kann der Geschädigte den zur Herstellung erforderlichen Geldbetrag gemäß § 249 S. 2 BGB verlangen[54].

---

[49] Vgl. oben IV. Teil, D II 3.
[50] So *Esser*, SchR I § 41 II 3; dagegen *Stoll*, Begriff und Grenzen des Vermögensschadens, 8 ff.; JZ 1975, 254.
[51] Weitere Beispiele bei *Landwehrmann*, Diss., 13.
[52] Die Ansicht *Essers* (SchR I § 41 II FN 26), das *OLG Frankfurt* hätte im Bungalow-Fall den Anspruch aus § 249 S. 2 BGB geben müssen, ist daher nur dann schlüssig, wenn der Kläger nachweisen konnte, daß er sich tatsächlich zusätzlichen Urlaub hätte verschaffen können.
[53] Ganz herrschende Meinung; vgl. die Nachweise oben IV. Teil, D, FN 103.
[54] Wenn Herstellung nicht mehr möglich ist, ist auch das Verlangen nach den Herstellungskosten sinnlos.

Gerade bei den Urlaubs- bzw. Freizeitfällen zeigt es sich jedoch, daß es bei der Bedarfslehre nicht um „Herstellung" geht; diese ist in den meisten Fällen überhaupt nicht ernsthaft in Erwägung gezogen bzw. praktisch nicht möglich. Beabsichtigt ist vielmehr, dem Betreffenden unter Umgehung des § 253 BGB eine Geldentschädigung zuzubilligen.

B. Die Kritik des Frustrierungsgedankens

I. Aufwendungsersatz und Schadensersatz

1. Der Begriff der Aufwendungen und der Schadensbegriff

Da der Frustrierungsgedanke vom Ersatz fehlgeschlagener Aufwendungen ausgeht, ist das Verhältnis von Aufwendungsersatz und Schadensersatz zu klären[55].

Die Zentralnormen des *Aufwendungsersatzes* sind die §§ 670, 683 BGB[56]. Unter Aufwendungen werden *freiwillige* Vermögensopfer verstanden, wobei zwischen der Einbuße und dem Ziel eine Mittel-Zweck-Relation besteht. Beim Aufwendungsersatz geht es um einen gerechten Ausgleich der Einbuße, die jemand dadurch erlitten hat, daß er eigene Vermögensgüter bei einer fürsorglichen Tätigkeit im Rechts- und Wirtschaftskreis eines anderen in dessen Interesse aufgeopfert hat[57].

Dagegen spricht man von Schaden regelmäßig nur im Fall einer *unfreiwilligen* Vermögenseinbuße[58]. Beim Schadensbegriff fehlt die für Aufwendungen typische Mittel-Zweck-Relation zwischen der Einbuße und einem angestrebten weiteren Erfolg[59]. Der Vermögensschaden wird durch die Differenz zweier Vermögenslagen festgestellt, während die Aufwendungen eher nach subjektiven Kriterien bestimmt werden.

Das Gemeinsame von Schadensersatz und Aufwendungsersatz ist, daß es sich bei beiden um den Ausgleich von Vermögenseinbußen handelt. In beiden Fällen wird ein Vermögensnachteil im Ergebnis einem anderen als dem zugewiesen, der ihn zunächst in seinem Vermögen erlitten hat[60]. Die Abgrenzung von Schadensersatz und Aufwendungsersatz soll anhand von drei Fallgruppen erörtert werden.

---

[55] Vgl. dazu vor allem *Thiele*, Die Aufwendungen des Verletzten zur Schadensabwehr und das Schadensersatzrecht, in FS für Felgenträger, 393 ff.

[56] Im Allgemeinen Teil des Schuldrechts §§ 256, 257 BGB.

[57] *Thiele*, 394; vgl. auch die ausführliche Analyse der Interessenlage und Interessenwertung bei *Müller*, Der Anspruch auf Aufwendungsersatz im Rahmen von Schuldverhältnissen, JZ 1968, 769 ff.

[58] *Larenz*, SchR I § 13 I.

[59] *Thiele*, 395.

[60] *Thiele*, 393. Der Bereich der „Aufwendungen" wird ausgedehnt bei *E. Schmidt*, Athenäum Zivilrecht 1, 571.

2. Die Fallgruppen

a) Ersatz der Aufwendungen, die zur Beseitigung von Schäden gemacht wurden

Es handelt sich um Kosten, die dem Geschädigten für die Heilung, Ausbesserung und Schadensminderung entstehen[61]. Stehen diese Aufwendungen in einem adäquaten Kausalzusammenhang mit dem Schadensereignis, so sind sie als Vermögensschaden zu ersetzen. Die „Freiwilligkeit" dieser Ausgaben nimmt ihnen nicht den Charakter des Schadens[62].

Aus dieser „Freiwilligkeit" wird jedoch gerade geschlossen, daß der Schadensersatz durchaus auch freiwillig gemacht Aufwendungen umfassen könne, daß das Moment der Freiwilligkeit also kein entscheidendes Abgrenzungskriterium sei[63].

Dem ist entgegenzuhalten, daß diese Aufwendungen zwar auf einem eigenen Entschluß des Geschädigten beruhen, daß der Geschädigte aber unter einem *faktischen* oder sogar *rechtlichen* Zwang steht[64]. Jedenfalls sind die Aufwendungen, die nach einer Schädigung „anfallen", nicht freiwillig in dem Sinn, daß der Geschädigte sie in freier Bestimmung für eine bestimmte Mittel-Zweck-Relation einsetzt. Das macht aber den Unterschied zu den Fällen des Aufwendungsersatzes aus: der Geschädigte setzt hier eben nicht freiwillig eigene Mittel „aus fürsorglicher Tätigkeit im Rechts- und Wirtschaftskreis eines anderen in dessen Interesse" ein. Die Interessenlage ist vielmehr eine ganz andere: der Geschädigte wird durch die Auswirkungen einer schädigenden Handlung dazu *gedrängt*, ein Vermögensopfer zu erbringen.

b) Ersatz der Aufwendungen für Vorsorgemaßnahmen

Das Gemeinsame dieser Fallgruppe ist, daß Aufwendungen schon *vor* dem schädigenden Ereignis gemacht wurden und daß sich diese Aufwendungen durch das schädigende Ereignis gerade als *nützlich* erweisen[65].

In diesen Fällen stellt sich die Frage, ob derjenige, der vorsorglich Aufwendungen gemacht hat, die den Schaden verhindert oder gemindert haben, vom Schädiger anteiligen Ersatz verlangen kann, obwohl sich beim Vergleich der Vermögenslagen des Geschädigten insofern *keine*

---

[61] *Esser*, SchR I § 42 I.
[62] *Esser*, SchR I § 42 I; *Larenz*, FG Oftinger, 154 FN 14; *Bötticher*, VersR 1966, 301 ff.
[63] *E. Schmidt*, Athenäum Zivilrecht 1, 571.
[64] z. B. § 254 II BGB; vgl. *Rother*, 154 f.; BGHZ 10, 18 ff.; 32, 280 (285); dagegen *E. Schmidt*, Athenäum Zivilrecht 1, 571.
[65] Vgl. *Baur*, FS L. Raiser, 132 (Schaden vor dem Schadensereignis?); *Esser*, SchR I, § 42 I.

Differenz ergibt und auch kein Kausalzusammenhang zwischen Aufwendungen und Verletzungsereignis besteht.

Der *BGH*[66] kam zu dem Ergebnis, daß ein Verkehrsunternehmen, das einen vorsorglich bereitgestellten Wagen einsetzt, anteiligen Ersatz der Vorhaltekosten verlangen kann. Der *BGH* stützt sich auf den Gedanken, daß die Beklagte verpflichtet sei, die Klägerin in den Zustand zu versetzen, der ohne den Unfall bestanden haben würde. Die Klägerin hätte auch ein Ersatzfahrzeug mieten und diese (u. U. höheren) Kosten dem Schädiger in Rechnung stellen können; es könne deshalb keinen „rechtlichen Unterschied" machen, ob der Fahrzeughalter „bei Ausfall eines Fahrzeugs infolge fremdverschuldeten Unfalls ein Ersatzfahrzeug mietet, oder ob er ein Fahrzeug einsetzt, das er sich wegen der besonderen Schwierigkeit, einen Straßenbahnwagen kurzfristig mietweise zu erlangen, eigens zum Zwecke der Vorsorge für vorkommende Fälle dieser Art bereits selbst zugelegt und bereitgestellt hat"[67]. Außerdem beruft sich der *BGH* auf die Grundsätze von Treu und Glauben, um das Kausalitätsproblem zu überspielen.

Im Gegensatz zur vorigen Fallgruppe handelt es sich hier um Aufwendungen, die *freiwillig* mit dem Ziel gemacht wurden, Störungen irgendwelcher Art aus dem eigenen oder fremden Bereich fernzuhalten. Wenn der Betroffene die Fremdnützigkeit seines Verhaltens nachweisen kann, kommen Aufwendungsersatzansprüche wegen Geschäftsführung ohne Auftrag in Betracht[68].

Die Argumentation des *BGH* stellt dagegen allein darauf ab, daß der Schädiger *nicht entlastet* werden soll. Dabei wird verkannt, daß Vorsorgemaßnahmen grundsätzlich Sache dessen sind, der an ihnen *interessiert* ist. Es ist nach allgemeiner Ansicht selbstverständlich, daß in einem Unternehmen ganz konkrete Vorsorgemaßnahmen getroffen und kalkuliert[69] werden. Diese Kosten im Fall einer Aktualisierung (teilweise)

---

[66] *BGHZ* 32, 280 (284 ff.); vgl. zum Problem der Reservehaltung auch *Herrmann*, Schadensersatz und Reservehaltung, Diss., Göttingen 1963; *Hereth*, Ausgleich für schadensmindernde Maßnahmen von Verkehrsunternehmen vor dem Schadensereignis, Diss., Erlangen 1962; *Baur*, JZ 1961, 158 (159); *Niederländer*, JZ 1960, 617 ff.; ders., JZ 1961, 602 f.; rechtsvergleichend zum anglo-amerikanischen Recht *Weis*, Schadensersatz bei Aufwendungen des Geschädigten vor dem Schadensereignis. — Zu diesem Problemkreis gehören auch die Kosten für die Überwachungsorganisation der GEMA u. die Vorsorgekosten von Ladeninhabern; dazu mit ausführlichen Nachweisen *J. Schmidt*, JZ 1974, 73 ff.

[67] Später setzt der *BGH* beim Nutzungsausfall des *beschädigten* Fahrzeugs an.

[68] Vgl. *Baur*, FS L. Raiser, 133; *ders.* (JZ 1964, 354 ff.) zum „präventiven Gewässerschutz".

[69] Zur Frage der Abwälzung der Vorhaltekosten auf die Preise: *J. Schmidt*, JZ 1974, 77 FN 54.

auf den Schädiger überzuwälzen wäre nicht interessengerecht. Es würden unerwünschte Nebenfolgen in Form eines „betriebswirtschaftlichen Sogs"[70] auftreten. Für den Schädiger ist die *konkrete* Lage maßgeblich, in der er den Geschädigten antrifft[71]; nur die Auswirkungen auf diese konkrete Lage sollen beim Schadensausgleich mit der *Differenzrechnung* exakt erfaßt werden. Eine Angleichung von Aufwendungsersatz und Schadensersatz aus pauschalen Billigkeitserwägungen („es soll dem Schädiger nicht zugute kommen") ist nicht interessengerecht und systemfremd.

c) „Frustrierte" Aufwendungen

Hierzu kann auf die Beispiele oben verwiesen werden[72]. Diese Fallgruppe hat mit den Vorsorgekosten gemeinsam, daß die Aufwendungen freiwillig zur Erreichung eines bestimmten Ziels gemacht werden und daß kein Kausalzusammenhang mit dem schädigenden Ereignis besteht.

Dagegen handelt es sich in der ersten Fallgruppe[73] um *echte* Schäden: der Betroffene wird durch das schädigende Ereignis zu den Aufwendungen veranlaßt; diese Aufwendungen beruhen zwar auf einem Willensentschluß des Betroffenen, sind aber nicht freiwillig, sondern unter „faktischem" Zwang gemacht.

Obwohl also in allen drei genannten Fallgruppen „Aufwendungen" gemacht werden, die auf einem eigenen *Willensentschluß* des Betroffenen beruhen, bestehen doch so unterschiedliche Interessenlagen, daß die Gemeinsamkeit nicht zur Verallgemeinerung ausreicht.

Bei den Vorsorgekosten wurde festgestellt, daß diese aus systematischen Gründen nicht zum Schadensersatz zählen können, und daß auch die Interessenlage eine endgültige Lokalisierung der Vermögenseinbuße beim Aufwendenden verlangt; bei den „frustrierten" Aufwendungen könnte etwas anderes gelten, da hier das *Äquivalent* der Aufwendungen durch die zurechenbare Handlung *entfällt*.

II. Kritik der Begründungsversuche

1. Kritik einer Analogie bei Larenz

a) Begriff und Voraussetzungen einer Analogie

Unter Analogie ist die Übertragung der für einen Tatbestand (A) oder für mehrere, untereinander ähnliche Tatbestände im Gesetz gegebenen Regel auf einen vom Gesetz nicht geregelten, ihm ähnlichen Tat-

---

[70] *Baur*, JZ 1961, 158 (159).
[71] *Esser*, SchR I, § 42 I 3; *Niederländer*, JZ 1960, 619.
[72] Oben IV. Teil, B, VI.
[73] Aufwendungen zur Beseitigung von Schäden.

bestand (B) zu verstehen[74]. Voraussetzung für eine Analogie ist also zunächst das Vorliegen einer *Lücke* im Gesetz. Damit ist die Analogie auch gleichzeitig von der bloßen *Auslegung* des Gesetzes abgegrenzt[75].

Problematisch ist jedoch oft nicht nur das Ausfüllen einer festgestellten Lücke, indem man einen ähnlichen Tatbestand heranzieht, sondern bereits das *Feststellen* der Lücke selbst[76]. Unzulässig ist es, wenn das Gesetz mit einer eindeutigen Regelung einen rechtspolitischen Fehler gemacht hat, diesen Fehler mittels Analogie zu „beseitigen". Eine Analogie ist nur dort zulässig, wo das Gesetz eine *planwidrige Unvollständigkeit* aufweist[77]

Maßstab dafür ist die gesamte Rechtsordnung. Dazu gehören auch Wertungen zu den Grundentscheidungen und tragenden Ordnungsgedanken des positiven Rechts bis zu überpositiven, aber nicht außerrechtlichen Kriterien[78]. Auf jeden Fall gehört hierher der *Gleichheitssatz*. In diesem findet die Analogie ihre Berechtigung; nämlich in einer Forderung der Gerechtigkeit, Gleiches gleich zu behandeln[79]. Ob der Gleichheitssatz eine Fortbildung des Rechts erfordert, ergibt sich aus dem wertenden Vergleich des fraglichen Satzes mit einem im Gesetz geregelten Satz. Die Analogie dient nicht nur zur Lückenausfüllung, sondern auch zur Lückenfeststellung[80]. Die Feststellung einer Lücke und ihre Ausfüllung beruhen dann auf den gleichen Erwägungen, wenn im Gesetz eine Regel für eine bestimmte Fallgruppe vermißt wird, die der für eine wertungsmäßig gleich zu erachtende Fallgruppe im Gesetz gegebenen Regel entspricht. Entscheidend ist die „gesetzesimmanente Teleologie"[81]. Die im Gesetz vermißte Regel ist dann zugleich die, die zur Ausfüllung der Lücke hinzuzufügen ist, es sei denn, dem steht ein Analogieverbot

---

[74] *Larenz*, Methodenlehre, 366.

[75] Auslegung und Analogie sind jedoch nichts grundsätzlich Verschiedenes: *Esser*, Grundsatz und Norm in der richterlichen Fortbildung des Privatrechts, 255; *Canaris*, Die Feststellung von Lücken im Gesetz, 23; *Larenz*, 350.

[76] Mit diesem Problem hat sich vor allem *Canaris* in der oben genannten Schrift eingehend auseinandergesetzt.

[77] *Canaris*, 31 f.; *Larenz*, Methodenlehre, 358.

[78] Vgl. dazu vor allem *Esser*, Grundsatz und Norm, 242 ff.; *Canaris*, 38, 126; *Larenz*, Methodenlehre 350.

[79] *Canaris*, 25, 56, 71, 140.

[80] Dieser Aspekt ist klar herausgearbeitet von *Larenz*, Methodenlehre, 366 ff.; *Canaris*, 72.

[81] *Esser* (Grundsatz, 231) sieht in der Analogie ein Beispiel des noch undogmatischen Argumentierens im „offenen" System. Topisches Denken gehe vom bekannten Fall aus und leite an seiner Hand zu nachgebildeten Lösungen über. Das Assoziieren von konkreten Tatbeständen, denen eine innere Anschauung in den Werturteilen zugrundeliege, sei nicht von einem System gelenkt, sondern werde eine praktische Rechtfertigung. Entscheidend sei die Gleichbewertung der Interessenlage.

B. Die Kritik des Frustrierungsgedankens 109

entgegen[82]. Bei der Analogiebildung muß vor allem darauf geachtet werden, daß mit dieser noch die innere *Einheit* und *Folgerichtigkeit* des Gesetzes gewahrt bleibt[83]; das heißt, es darf nicht ein im Gesetz aufgefundener Gedanke *isoliert* übertragen werden.

b) Planwidrige Unvollständigkeit des Gesetzes in bezug auf „frustrierte" Aufwendungen?

Nach *Larenz* weist das Gesetz eine Lücke auf, weil der Ersatz von „frustrierten" Aufwendungen nicht ausreichend geregelt sei. Im Gesetz sei der Ersatz von Aufwendungen nur bei *fremdnützigen* Aufwendungen (G. o. A.) und bei *unfreiwilligen* Einbußen, dem Schaden, geregelt[84]. Die „frustrierten" Aufwendungen seien dem Schaden jedoch insoweit *ähnlich*, daß eine Gleichbehandlung gefordert werden müsse.

Die Schwäche der Argumentation liegt darin, daß Larenz das Problem des Ersatzes der nutzlosen Aufwendungen „abstrakt" erörtert[85]. Oben wurde dargelegt, daß die Möglichkeit des Ersatzes von nutzlos gewordenen Aufwendungen im vertraglichen Bereich beim Erfüllungsinteresse und beim negativen Interesse seit langem anerkannt ist. Larenz geht es jedoch gerade darum, den Frustrierungsgedanken für den Bereich *deliktischer* Beeinträchtigungen zu begründen. Insoweit muß die These von Larenz präzisiert werden: Es soll nachgewiesen werden, daß durch *Delikt* frustrierte Aufwendungen als Schaden gelten. Das Gesetz müßte *insoweit* eine planwidrige Lücke aufweisen.

Es erscheint aber fraglich, ob der Vergleich im Hinblick auf die Gemeinsamkeit: unfreiwillge Einbuße, ausreichend ist. *Larenz* selbst stellt die Frage zunächst nicht im Zusammenhang mit der *Ersatzfähigkeit*; ihm genügt es darzulegen, daß bei der freiwilligen Aufwendung nachträglich die Freiwilligkeit wieder entfallen sei, um die Gleichbehandlung zu fordern.

Der Gedanke der nachträglichen Infragestellung der Freiwilligkeit könnte in bezug auf die Fälle des § 122 BGB den Sinn haben, die Ersatzfähigkeit von „freiwilligen" Einbußen als Schäden zu erklären und die Definition des Schadens als unfreiwillige Einbuße in Frage zu stellen. Im Fall des negativen Interesses ist das Interesse des Geschädigten

---

[82] *Canaris* (148): Bei teleologischen Lücken besteht regelmäßig eine völlige Einheit von Lückenfeststellung und -ausfüllung; *Larenz*, Methodenlehre, 388.

[83] *Canaris*, 170.

[84] Die Stelle, wo *Larenz* die Berechtigung einer Analogie nachzuweisen versucht, ist relativ knapp gehalten (VersR 1963, 313); auch in dem späteren Festschriftbeitrag: Nutzlos gewordene Aufwendungen als erstattungsfähige Schäden (FG Oftinger, 151 ff.) nimmt er nur kurz zur Frage des Kausalzusammenhangs Stellung (161).

[85] Dagegen auch *Keuk*, 249.

darauf gerichtet, von dem Geschäft loszukommen. Man könnte deshalb tatsächlich davon sprechen, die Aufwendungen seien im Nachhinein als unfreiwillige anzusehen und deshalb als Schaden zu ersetzen. Bei deliktischem Haftungsgrund ist dagegen eben nicht die Aufwendung das wirklich Unfreiwillige, sondern „der jetzt eintretende Zustand der Unerreichbarkeit des angestrebten Ziels"[86].

Larenz macht also im Anschluß an *von Tuhr* den Fehler, das Moment der freiwilligen bzw. unfreiwilligen Aufwendung überzubewerten und dabei weitgehend von der *Interessenlage* zu *abstrahieren*[87]. Das eine Mal ist der Haftungsgrund jedoch das *enttäuschte Vertrauen*, das andere Mal hat der Schädiger dagegen mit den Aufwendungen nichts zu tun[88].

Das Argument, daß zwar kein Kausalzusammenhang zwischen dem die Ersatzpflicht begründenden Ereignis und der Vermögensminderung (Aufwendung) bestehe, wohl aber zwischen diesem Ereignis und dem Fortfall der Äquivalents, kann nicht überzeugen; dies wäre richtig, wenn es sich um ein *vermögenswertes* Äquivalent handeln würde. Ob aber ein „Äquivalent" einen Vermögenswert hat, bestimmt sich grundsätzlich nach objektiven Kriterien (Marktpreis) oder durch *Parteivereinbarung*[89]. Gerade hier vermißt man eine Auseinandersetzung mit den „Vertragsfällen".

Entgegen der Ansicht von Larenz weist das Gesetz also *keine* planwidrige Lücke auf. Der Vergleich der herangezogenen Tatbestände ergibt, daß diese so verschieden sind, daß eine *Gleichbehandlung* nicht geboten, sondern *verboten* ist.

Der richtige Ansatz liegt bei der *Begründung* eines *Vertrauenstatbestands*. Von einem ersatzfähigen Vermögensschaden kann nur dann die Rede sein, wenn der Schädiger die Einbuße veranlaßt hat (negatives Interesse, Erfüllungsinteresse). Beim negativen Interesse ist der Schaden die echte Folge des enttäuschten Vertrauenstatbestands[90], beim Erfüllungsinteresse besteht der Schaden im ausgebliebenen Äquivalent; die nutzlosen Aufwendungen bilden einen *Rechnungsposten* im Sinne des *Mindestschadens*[91].

---

[86] *Zeuner*, AcP 163, 394.
[87] Dazu *Keuk*, 247.
[88] Vgl. jedoch auch den kühnen Begründungsversuch von Margarethe Beck-Mannagetta, ZVerKR 1969, 281 (285): das Verhalten des Schädigers als Verkehrsteilnehmer unterliege einem gesetzlich formulierten Vertrauensgrundsatz (mit Hinweis auf § 3 StVO 1960 [Österreich]). Diese gesetzliche Verpflichtung trete an die Stelle der eine Vertrauenslage schaffenden Erklärung.
[89] Vgl. oben VI. Teil, FN 20.
[90] *Zeuner*, AcP 163, 394.
[91] Vgl. oben VI. Teil, IV, 2.

Im Falle deliktischer Schädigung werden Aufwendungen nur dann relevant, wenn sie in Vermögenswerte umgesetzt worden sind. Ersetzt wird dann der Marktwert, unabhängig von den tatsächlich gemachten Aufwendungen! Diese Lösung erscheint interessengerecht: der Geschädigte soll keine Fehlspekulationen auf den Schädiger überwälzen dürfen.

2. Kritik der Ableitung des Frustrierungsgedankens aus dem „Austauschgeschäft"

Als einziger Vertreter des Frustrierungsgedankens stellt *Schmidt*[92] einen direkten Zusammenhang zwischen dem Frustrierungsgedanken, der ja gerade für die Fälle deliktischer Schädigung „fruchtbar" gemacht werden soll, und der schuldhaften Vertragsverletzung her. Damit ist an sich der richtige Weg beschritten; Schmidt bleibt jedoch — um im Bild zu bleiben — auf halbem Weg stehen.

Anhand von Beispielsfällen führt *Schmidt* zutreffend aus, daß nutzlose Aufwendungen im Fall von schuldhaften Vertragsverletzungen beim „Austauschgeschäft" tatsächlich als Schaden geltend gemacht werden können, obwohl die konkreten Aufwendungen nicht durch die Vertragsverletzung selbst verursacht worden sind. Wie bereits oben dargelegt, ist diese Lösung beim *Vertragsverstoß* aus der besonderen Interessenlage gerechtfertigt.

Die entscheidende Frage ist jedoch, ob dieser aus den Fällen vertraglicher Leistungsstörung gewonnene Gedanke ohne weiteres auf die Fälle deliktischer Schädigung übertragen werden kann. *Schmidt* räumt zwar ein, daß die von ihm herangezogenen Fälle des „Austauschgeschäfts durch die synallagmatische Verknüpfung von Leistung und Gegenleistung besonders hervorgehoben sind"[93]. Der Behauptung, daß „kein Grund ersichtlich" sei, die Fälle deliktischer Schädigung abweichend zu behandeln, muß aber entschieden widersprochen werden. Diese Behauptung wird nur durch den kurzen Hinweis darauf gestützt, daß der Betroffene in beiden Fällen seine Aufwendungen praktisch „abschreiben" müsse.

Dies kann jedoch auf keinen Fall ausreichen. Eine differenzierte Betrachtung der jeweiligen Interessenlage zeigt, daß gerade die angemessene Berücksichtigung der Interessen des *Schädigers* es erfordert, nach vertraglichem und deliktischem Haftungsgrund zu unterscheiden.

Weiter ist zu beachten, daß die „frustrablen" Aufwendungen im vertraglichen Bereich genau *eingegrenzt* und *bestimmt* sind durch den Ver-

---

[92] Vgl. oben IV. Teil, B, II, 4.
[93] E. *Schmidt*, Athenäum Zivilrecht 1, 572.

tragsinhalt, während im Fall deliktischer Schädigung praktisch das ganze *Potential*[94] des Geschädigten „frustriert" werden kann.

Im deliktischen Bereich werden daher auch nur objektiv meßbare Wertrelationen in ihrer Zuordnung auf das Subjekt geschützt[95]. Der Schutz des Deliktsrechts gibt dem Einzelnen Anspruch darauf, daß die *Integrität*[96] seines Bereichs gewahrt wird, nicht aber auf eine bestimmte *Leistung,* der die *Vertragsparteien* einen bestimmten Wert beigelegt haben.

III. Der Begriff der Frustration

1. Zur Wortbedeutung

Für den heutigen Sprachgebrauch wird die Bedeutung des Begriffs in einem psychologischen Wörterbuch[97] angegeben als: „Das Erlebnis der wirklichen oder vermeintlichen Benachteiligung, der Zurücksetzung, des Zukurzkommens bei enttäuschter Erwartung oder bei erlittener Ungerechtigkeit. Darüber hinaus (psychoanalytisch) der Erlebniszustand als Folge einer (exogenen) Behinderung der Triebbefriedigung."

Es liegt auf der Hand, daß es erhebliche Schwierigkeiten bereiten muß, diesen völlig auf das *subjektive* Empfinden und Fühlen angelegten Begriff für die *juristische Praxis* des Schadensausgleichsrechts „fruchtbar" zu machen, da es hier — jedenfalls nach herkömmlichem Verständnis — um den Schutz objektiver Wertrelationen geht.

2. Kritik der Versuche zur Begrenzung des Frustrierungsschadens

a) Begrenzung aus dem Frustrationsbegriff systematisch ableitbar?

Während sich in den Fällen, in denen Aufwendungen durch einen *Vertrauenstatbestand* veranlaßt wurden, eine klare Begrenzung der „frustrablen" Aufwendungen durch den Zusamenhang zwischen Aufwendung und Vertrauenstatbestand ergibt, kann im Fall *deliktischer Schädigung* praktisch das *gesamte Potential* des Betroffenen „frustriert" werden[98]. Es stellt sich daher die Frage, ob aus dem Frustrationsbegriff *systematisch* Kriterien zur Begrenzung der Ersatzpflicht abgeleitet werden können.

---

[94] Insofern kann man ohne weiteres sagen, daß sich der Frustrierungsgedanke am besten in das Konzept des Funktionsschadensbegriffs einpaßt.

[95] *Weyers,* Der Begriff des Vermögensschadens im deutschen Recht, 56.

[96] Dieses Integritätsinteresse im Fall deliktischer Schädigung ist nicht identisch mit dem negativen Interesse. Zum Begriff des Integritätsinteresses vgl. *Esser,* SchR I, § 41 I 4, 41 II 3b.

[97] *Dorsch,* Psychologisches Wörterbuch, 142.

[98] Anders nur in den „glatten" Fällen, wo ein Gebrauchsgegenstand, für dessen Aktivierung bestimmte Aufwendungen gemacht wurden, beschädigt wird. Dort sind die Aufwendungen begrenzt und es handelt sich in der Regel um „Totalschäden".

B. Die Kritik des Frustrierungsgedankens

Ein konsequent zu Ende gedachter Frustrierungsgedanke muß sich bei der Bestimmung der „Vergeblichkeit" von Aufwendungen an den *individuellen* Zielvorstellungen des Vermögenssubjekts im Hinblick auf die Zweckerreichung von Aufwendungen orientieren. Ziel des Ersatzes von Frustrierungsschäden ist es ja gerade, die planmäßige Erfüllung der Dispositionen des Vermögenssubjekts sicherzustellen. Dabei dürfen diese Dispositionen nicht an den Kriterien der Vernunft oder der sozialen Konvention gemessen werden.

Dem Frustrierungsgedanken würde es z. B. auch entsprechen, bei der Zerstörung eines von dem Vermögenssubjekt mit hohem, unrationellem Aufwand hergestellten Gutes *diesen* Aufwand und nicht den geringeren Marktpreis, bei einer marktbedingten Wertsteigerung eines mit geringem Aufwand erstellten Gegenstandes dagegen nur den geringen Herstellungsaufwand zu ersetzen[99]. Es ist von diesem Ansatz her auch nicht einzusehen, daß nur *besondere* Aufwendungen „frustrabel" sein sollen, nicht jedoch *laufende* Aufwendungen[100]. Als Begründung für die Einführung von Begrenzungskriterien genügt den Anhängern des Frustrierungsgedankens daher auch der mehr *praktische* Hinweis auf die „höchst unerwünschte" Ausdehnung der Schadensersatzverpflichtung[101].

Das Argument, eine zeitweilige Zweckverfehlung von laufenden Aufwendungen würde nicht als Schaden *empfunden*[102], da eine zeitweilige Unterbrechung üblich sei, kann wohl kaum überzeugen. Auch bei besonderen Aufwendungen wird ein Frustrierungsschaden nicht nur dann anerkannt, wenn diese Aufwendungen *völlig* fehlgeschlagen sind (Totalschaden), sondern auch dann, wenn das erwartete Äquivalent nachhaltig gestört ist (Teilschaden)[103]. Ebensogut kann man sagen, daß der Betreffende *teilweise* frustriert ist, wenn sich laufende Aufwendungen für einen *bestimmten Zeitabschnitt* als nutzlos herausstellen. Eine Begründung dafür, daß dem Geschädigten im Seereise-Fall (Teilschaden) ein Anspruch gegeben sein soll, nicht jedoch dem im Krankenhaus liegenden Verletzten, dessen Aufwendungen für Rundfunk- bzw. Fernsehgebühr und Miete usw. leer laufen, ist jedenfalls aus dem Grundgedanken des Frustrationsbegriffs nicht ableitbar[104]!

Durch die Versuche, den Frustrierungsschaden in der angegebenen Weise zu begrenzen, wird eine *Wertungsebene* eingezogen, die diesem

---

[99] So auch *Weyers,* Der Begriff des Vermögensschadens im deutschen Recht, 56.
[100] Bei den Begrenzungskriterien handelt es sich auch nur um eine inhaltliche Konkretisierung des Frustrationsbegriffs.
[101] *Larenz,* FG Oftinger, 163.
[102] *E. Schmidt,* Athenäum Zivilrecht 1, 573.
[103] Vgl. *Larenz,* FG Oftinger, 156; VersR 1963, 313.
[104] So auch *Werber,* AcP 173, 180; *Weyers,* 56.

Ansatz grundsätzlich *nicht* entspricht. Der Idealfall eines konsequent zu Ende gedachten Frustrationsschadensbegriffs wäre doch wohl der, *alle* Aufwendungen, die nicht in der gewünschten Weise das Äquivalent einbringen, zu ersatzfähigen Schäden zu erklären. Das erklärte Ziel dieses Ansatzes ist es ja gerade, einen über den „statischen" Vermögensschutz der traditionellen Schadenslehre hinausgehenden Schutz zu erreichen und auch die Beeinträchtigung von Vermögensfunktionen und Zweckbeziehungen ausgleichsfähig zu machen. Die Einführung der Begrenzungskriterien ist daran gemessen eine *systemwidrige* Einschränkung.

b) Die Praktikabilität der Begrenzungskriterien

Ganz abgesehen von systematischen Erwägungen erscheinen die Begrenzungskriterien auch untauglich, im Einzelfall eine sichere Abgrenzung zwischen „frustrablen" und „frustrationsunabhängigen" Aufwendungen zu gewährleisten. Man muß nicht gleich so weit gehen wie *Stoll*[105] und die Abgrenzungsversuche als „juristischen Impressionismus" abtun; erhebliche Bedenken stellen sich auf jeden Fall dann ein, wenn man die verschiedenen Konsequenzen, die aus den Begrenzungskriterien im Hinblick auf den Jagdpachtfall gezogen werden, betrachtet!

Zunächst stellt sich die Frage, an welchem *Maßstab* gemessen werden soll, ob eine Aufwendung „zur normalen Lebenshaltung" zählt oder einen „besonderen Aufwand für einen bestimmten Zweck" darstellt. Zwei verschiedene Möglichkeiten sind grundsätzlich denkbar. Man könnte als Maßstab die Gewohnheiten und den Lebensstil des *Verletzten* heranziehen, oder aber sich an einem näher zu bestimmenden „Durchschnitt" orientieren.

Larenz[106] scheint als Maßstab den Lebensstil des konkret Betroffenen heranzuziehen und zu fragen, ob eine Aufwendung im Hinblick auf den allgemeinen Lebensstil des *Betroffenen*[107] zur „normalen Lebenshaltung" zu zählen sei oder gerade im Hinblick auf den Lebensstil des Betroffenen einen „besonderen Aufwand für einen bestimmten Zweck" darstelle. Für das Beispiel „Jagdpachtfall" hat das die Konsequenz, daß die Kosten für die zehnjährige Jagdpacht wohl als „laufende Aufwendungen zur normalen Lebenshaltung" (eben des betroffenen Jagdpächters) einzustufen und damit frustrationsunabhängig sind.

Dagegen beruft sich *E. Schmidt* bei der Frage der Abgrenzungskriterien zwar ausdrücklich auf *Larenz*[108], kommt dann aber doch aufgrund einer anderen inhaltlichen Bestimmung der Begrenzungskriterien zu er-

---

[105] *Stoll*, JZ 1971, 595.
[106] *Larenz*, FG Oftinger, 163.
[107] Vgl. dazu auch *Stoll*, JZ 1971, 594.
[108] *E. Schmidt*, Athenäum Zivilrecht 1, 573.

B. Die Kritik des Frustrierungsgedankens

heblich abweichenden Ergebnissen. Der Bereich der „frustrablen" Aufwendungen ist bei Schmidt deshalb weiter, weil Schmidt nicht vom Aufwand für die normale Lebenshaltung (des Betroffenen) spricht, sondern vom Aufwand zur Befriedigung *elementarer Lebensbedürfnisse* (Standard). Dazu gehört eine Jagdpacht sicherlich nicht!

Gerade aber wegen der Zielsetzung der Begrenzungskriterien, die unerwünschte Ausdehnung der Schadensersatzpflicht zu verhindern, wäre es konsequent, auf die allgemeine Lebenshaltung des *Betroffenen* abzustellen. Sofern dieser ein sehr großes „Frustrationspotential" in den Verkehr bringt, mag er auch ein größeres Risiko tragen!

Daß die Abgrenzung im Hinblick auf den Lebensstil des *Betroffenen* erfolgen soll, ergibt sich ohne weiteres, wenn man die Begrenzungskriterien als Versuch versteht, das hypothetische Urteil, ob der Betroffene die Aufwendungen bei Voraussicht des Schadensereignisses unterlassen hätte, analog § 252 BGB zu objektivieren; das heißt, daß die sonst im Hinblick auf den individuellen Willen im Einzelfall vorzunehmende Prüfung, ob der Betreffende die Aufwendung auch bei Kenntnis des Schadensereignisses gemacht hätte, mit Hilfe der Begrenzungskriterien *typisiert* werden soll[109].

Einige Beispiele verdeutlichen die verbleibenden Abgrenzungsschwierigkeiten: Die Kosten für eine Theaterkarte müßten wohl nach allen Varianten des Frustrierungsgedankens ersetzt werden, wenn der Inhaber durch zurechenbare Handlung am Besuch der Vorstellung gehindert wird. Wie wäre es aber, wenn er ein Abonnement für zehn Vorstellungen hätte und dies zu seinem allgemeinen Lebensstil gehörte, das heißt, wenn er das Abonnement auch bei Kenntnis des Schadensereignisses gekauft hätte? Müßte man dann sagen, daß der einmalige Verlust ersatzlos hinzunehmen sei? Bei wieviel Vorstellungen wäre die frustrationsunabhängige Grenze erreicht? Nach *Schmidt* könnte der Geschädigte wohl *jedesmal* die Kosten anteilig liquidieren, da es sich um einen *besonderen* Aufwand handele.

Ein ähnliches Beispiel findet sich bei *Baur*[110]. Wie wäre es, wenn der Verletzte nicht einen langjährigen Pachtvertrag abgeschlossen, sondern den „Abschuß eines Hirsches" gekauft hätte? Dieser Betrag müßte wohl nach Auffassung aller Vertreter des Frustrierungsgedankens erstattet werden. Zuspitzen lassen sich die Beispiele noch, indem man annimmt, zwie Theaterbesucher bzw. Jäger würden verletzt, von denen einer Abonnent/Pächter ist, der andere jedoch nur *ein* Theaterbillet bzw. *einen* „Abschuß" gekauft hat. Der eine würde leer ausgehen, der andere würde voll entschädigt!

---

[109] Vgl. dazu *Stoll*, JZ 1971, 594; *Steindorf*, JZ 1964, 424; in diesen Fällen würde ein Frustrierungsschaden abgelehnt.
[110] *Baur*, FS L. Raiser, 136.

c) Die Zweckverfehlung von Aufwendungen

Mit der Charakterisierung einer Aufwendung als „laufende Aufwendung" ist nur eine *Negativabgrenzung* vorgenommen; das eigentliche Problem stellt sich erst dann, wenn festgestellt werden soll, ob und in welchem Umfang eine „besondere Aufwendung" nutzlos geworden ist. Definitiv fehlgeschlagen ist eine Aufwendung, die für einen *zeitlich begrenzten* Genuß gemacht wurde, nach *E. Schmidt*[111] dann, wenn dieser Genuß nicht ohne weiteres *nachholbar* ist.

Zur Unterstützung seiner These weist Schmidt auf folgenden Extremfall hin: Jemand muß sich nach einem Verkehrsunfall einer Armamputation unterziehen, derzufolge er sein Hobby (Klavierspiel, Autorennen etc.) nicht mehr betreiben kann und deshalb die dazu erworbenen Gegenstände unter *Verlust* verkaufen muß. *Schmidt* ist der Ansicht, daß dann auch die Gegner des Frustrierungsgedankens kaum anstehen würden, die meßbaren Einbußen als ausgleichsfähig anzuerkennen.

Schmidt kann sich hier auf einen vom *Bundesgerichtshof* entschiedenen Fall berufen[112]; dort wurde einem Geschäftsmann, der infolge unfallbedingter Gesundheitsschäden seinen Betrieb aufgeben muß, grundsätzlich auch der Mindererlös, der bei dem Verkauf unverwendbar gewordener Einrichtungsgegenstände erzielt wurde, zugebilligt. Gemeinsam ist diesen Fällen, daß die Aufwendungen nicht das vom Geschädigten erhoffte Äquivalent eingebracht haben.

Wenn jedoch der Geschädigte seinen Flügel oder seinen Rennwagen unter Verlust verkaufen muß[113], so ist nicht einzusehen, weshalb er diese Einbuße auf den Schädiger sollte abwälzen können. Das zeigt sich am besten dann, wenn der Geschädigte einen *Liebhaberpreis* gezahlt hat; das Risiko, solche Gegenstände für einen Preis, der unter den Aufwendungen für die Anschaffung liegt, verkaufen zu müssen, gehört in die Sphäre des Geschädigten.

Auch in dem vom *BGH* entschiedenen Fall ist nicht einzusehen, weshalb der Betreffende einen „Entwertungsschaden" liquidieren können soll. Der Geschädigte hat Aufwendungen in einen bestimmten *Sachwert* umgesetzt; von diesem Moment an sind jedoch die konkreten Aufwendungen in Form des Kaufpreises ohne Bedeutung, entscheidend ist vielmehr der Marktwert des Gegenstands. Dieser Wert bleibt dem Betref-

---

[111] So *E. Schmidt*, Athenäum Zivilrecht 1, 573 f.
[112] *BGH* VersR 1965, 1077; der *BGH* übernimmt in dieser Entscheidung weitgehend die Ansicht von *Larenz*, die dieser in einer Anmerkung zu einem ähnlich gelagerten Fall vertreten hat (*BGH* JZ 1962, 708).
[113] Beide Gegenstände haben nach dem Unfall denselben Marktwert wie vorher!

B. Die Kritik des Frustrierungsgedankens

fenden jedoch auch nach dem Unfall erhalten[114]. Daß er den Gegenstand nicht in der beabsichtigten Weise zur Erzielung von Gewinn einsetzen konnte, kann er zweifellos im Rahmen der §§ 252, 842 BGB geltend machen. Die Vertreter des Frustrierungsgedankens würden jedoch *zweifach* entschädigen: zum einen könnte der Geschädigte den entgangenen Gewinn verlangen, zum anderen aber auch anteiligen Ersatz der Aufwendungen, die das Erzielen des Gewinns überhaupt erst ermöglichen[115].

IV. Kritik der Schadensberechnung

Da der Frustrierungsgedanke an die nutzlosen Aufwendungen anknüpft, sieht es auf den ersten Blick so aus, als ob derjenige, der eine Theaterkarte geschenkt erhalten hat, leer ausgeht, wenn er durch zurechenbares Handeln vom Besuch der Vorstellung abgehalten wird. *Larenz*[116] überwindet diese „Schwierigkeit" mit den Regeln der *Drittschadensliquidation*, *Esser*[117] mit dem *generalisierenden* Frustrierungsgedanken.

Dem Grundgedanken des Frustrierungsgedankens scheint der Ansatz von Larenz eher zu entsprechen, da dieser von den *tatsächlich* gemachten Aufwendungen ausgeht, die zum Schaden gestempelt werden sollen. Wenn man den Frustrierungsgedanken grundsätzlich bejaht, so erscheint es konsequent, daß der Schädiger durch die zufällige Schadensverlagerung keinen Vorteil ziehen soll[118].

Die konkrete Beziehung zwischen Frustrierungsschaden und den nutzlosen Aufwendungen wird dagegen durch die *Generalisierung* des Frustrierungsgedankens aufgegeben. Geht man nämlich nicht mehr von den konkreten Aufwendungen aus, sondern von den Aufwendungen, die für ein Äquivalent gemacht zu werden *pflegen*, so ist man bei der *objektiven* Bewertung des ausgebliebenen Äquivalents nach Marktkriterien angelangt. Das ist jedoch genau das, was die kritisierten Vertreter des *Kommerzialisierungsgedankens* tun. Es macht nämlich keinen Unterschied, ob man die *üblichen* Aufwendungen für eine Seereise zu einem Vermögensschaden erklärt oder ob man sagt, die Seereise habe einen Vermögenswert, weil üblicherweise ein bestimmter Betrag dafür aufgewendet werde und die Beeinträchtigung dieses Vermögenswerts habe einen Ver-

---

[114] Vgl. auch *Keuk*, 241 ff.
[115] Das wird bei den *laufenden* Aufwendungen eines Geschäftsmanns, die dieser z. T. eben aus dem Gewinn finanziert, besonders deutlich; der Gedanke trifft jedoch auch auf die Aufwendungen, mit denen z. B. Maschinen angeschafft wurden, zu. Vgl. dazu auch *Weyers*, Begriff und Grenzen des Vermögensschadens, 56.
[116] *Larenz*, FG Oftinger, 168.
[117] *Esser*, SchR I § 41 II 4a.
[118] *Larenz*, FG Oftinger, 168.

mögensschaden zur Folge. Typisch ist die Formulierung von Esser: „Woher jemand seine *Vermögenswerte* bezogen hat, geht den Schädiger nichts an[119]." Dieser Satz verdient volle Zustimmung. Wenn es allerdings um die Beschädigung von Vermögenswerten geht, ist der Frustrierungsgedanke ganz und gar überflüssig. Denn ein solcher Schaden kann mit der Differenzrechnung erfaßt werden.

C. Die Kritik des Funktionsschadensbegriffs

Mertens hat versucht, mit seinem Funktionsschadensbegriff der Rechtsprechung ein theoretisches Fundament wiederzugeben[120]. Wenn er jedoch sagt, er vertrete einen subjektiven (funktionalen) Vermögensbegriff, der sich aus der konsequenten Weiterentwicklung der traditionellen Schadenslehre ergebe, so muß dem widersprochen werden. Der subjektive Schadensbegriff nötigt entgegen der Auffassung von *Mertens* nicht, den Vermögensbegriff subjektiv-funktional zu fassen. Subjektiver Schadensbegriff im Sinne der traditionellen Schadenslehre bedeutet nur, daß nicht allein der durch das schädigende Ereignis *unmittelbar* betroffene Vermögensbestandteil zu berücksichtigen ist, sondern daß die Auswirkungen auf die *gesamte* Vermögenslage des Geschädigten zu berücksichtigen sind[121]. Subjektiv bedeutet also die Beziehung der einzelnen Vermögensgüter auf das konkrete Vermögenssubjekt.

Das BGB geht beim Begriff des Vermögensschadens davon aus, daß effektive Vermögenseinbußen ausgeglichen werden sollen; das heißt Voraussetzung eines Vermögensschadens ist, daß ein vorhandener Vermögensbestandteil verloren oder ein zusätzlicher Bestandteil nicht erworben worden ist[122]. Liegt jedoch nur eine Vermögensfunktionsstörung im Sinne von Mertens vor, die sich nicht in der oben genannten Weise in der *Vermögensbilanz* niederschlägt, so wird kein Schaden ausgeglichen, sondern ein *zusätzliches* Vermögensgut zugeführt[123].

Bezeichnend ist, daß die Abgrenzung zwischen Restitution und Kompensation bei *Mertens* weitgehend gegenstandslos wird, da mit dem subjektiv-funktionalen Schadensbegriff fast alle Beeinträchtigungen irgendwie mit dem Begriff des Vermögensschadens erfaßt werden. Da die meisten Genüsse und andere immaterielle Güter irgendwie mit Geld erkauft werden, haben sie auch irgendwie eine Vermögensfunktion im

---

[119] *Esser*, SchR I § 41 II 4a.
[120] *Larenz*, FG Oftinger, 152.
[121] *Keuk*, 215 f. (218).
[122] *Keuk*, 218.
[123] *Keuk*, 218.

C. Die Kritik des Funktionsschadensbegriffs

Sinne *Mertens*. § 253 BGB wird durch die subjektiv-funktionale Betrachtungsweise überspielt.

Besonders deutlich ist das der Fall bei „nutzlosen Aufwendungen", wenn also die „Aktivierung der Vermögensmittel in Richtung auf einen bestimmten subjektiven Zweck mißlingt"[124]. Hier ergeben sich auch die Berührungspunkte zwischen dem Frustrierungsgedanken und dem Funktionsschadensbegriff, wobei allerdings gesagt werden muß, daß sich der Ersatz der fehlgeschlagenen Aufwendungen ohne weiteres in das Konzept von Mertens einpaßt, nicht jedoch in das der Vertreter des Frustrierungsgedankens, die doch grundsätzlich an der Differenztheorie festhalten wollen[125].

---

[124] *Mertens*, 159.
[125] Man kann *Larenz*, FG Oftinger, 160 f., nur zustimmen, wenn er sagt, der Vermögensbegriff von Mertens sei wissenschaftlich sinnvoll und fruchtbar, er liege jedoch kaum der schadensersatzrechtlichen Regelung des BGB zugrunde. Diese Bedenken sind genauso gegen den Frustrierungsgedanken anzumelden, der zwar in das Konzept eines Funktionsschadensbegriffs paßt, nicht jedoch in das Konzept des BGB.

ACHTER TEIL

Schluß

A. Zusammenfassung

Die dargestellten Ansätze zur Ausdehnung der Schadensersatzpflicht unterscheiden sich zwar vom Ansatz her und in der Begründung zum Teil erheblich; im Hinblick auf die wirtschaftlichen Ergebnisse sind die Unterschiede jedoch sehr geringfügig. In der Rechtsprechung werden der Frustrierungsgedanke und der Kommerzialisierungsgedanke auch *kumulativ* angewendet.

Für die Fälle, daß Gebrauchs- bzw. Genußmöglichkeiten durch *Vertragsverstoß* beeinträchtigt oder entzogen werden, konnte festgestellt werden, daß interessengerechte Lösungen auch mit dem Instrumentarium der traditionellen Schadenslehre gefunden werden können.

Ihre eigentliche Bedeutung entfalten die genannten Ansätze für die Fälle des Schadensausgleichs nach *deliktischer* Schädigung. Die Schadensausgleichspflicht aus Delikt soll der aus Vertragsverstoß angeglichen werden. Diese dem Geschädigten freundliche Rechtsprechung ist anhand von „Versicherungsfällen" eingeleitet worden; das heißt anhand von Fällen, wo nicht ein individueller Schädiger in Anspruch genommen wird, sondern eine Versicherungsgesellschaft. Es konnte jedoch gezeigt werden, daß die Argumente hierfür nicht überzeugend sind (z. B. Prämienerhöhungen). Der Schadensausgleich im Falle deliktischer Schädigung ist „statischer". Die Interessenbewertung, die in Form der Differenztheorie getroffen wurde, entspricht auch heute noch den Anforderungen eines billigen und gerechten Schadensausgleichsrechts.

Der Frustrierungs- und der Kommerzialisierungsgedanke, die Bedarfslehre und der Funktionsschadensbegriff sind daher für die Fälle des Schadensausgleichs nach Vertragsverstoß *überflüssig*. Im übrigen sind sie *abzulehnen*, weil sie den Blick auf die verschiedene Interessenlage bei vertraglicher und deliktischer Schädigung verstellen und beim deliktischen Schadensausgleich nicht zu interessengerechten Lösungen führen, und weil außerdem ein erhebliches Maß an *Rechtsunsicherheit* mit ihnen verbunden ist (z. B. Abgrenzung: allgemeiner oder besonderer Aufwand beim Frustrierungsgedanken; beim Kommerzialisierungsgedanken: geht die Verkehrsauffassung vom Vermögenswert aus?).

B. Folgerungen für die Lösung der Fallgruppen

I. Fallgruppe: Entgangene Gebrauchsvorteile als Vermögensschaden

Eine abstrakte Nutzungsausfallentschädigung wird vom hier vertretenen Standpunkt sowohl für die Fälle deliktischer als auch vertraglicher Schädigung abgelehnt.

Der Hinweis darauf, daß die eingefahrene Rechtsprechung und Regelungspraxis der Kfz-Nutzungsausfallentschädigung kaum mehr zu ändern ist, sollte nicht schrecken: Das Beispiel Österreichs[1] zeigt, daß ein solches (Sonder-)Problem kurzfristig durch eine entsprechende gesetzliche Änderung gegenstandslos werden kann.

Beim Nutzungsausfall anderer Gebrauchsgegenstände besteht die Möglichkeit einer restriktiven Anwendung des leider einmal anerkannten Kommerzialisierungsgedankens. Die Gerichte können im Einzelfall eine entsprechende *Verkehrsauffassung* ablehnen (z. B. *KG* im Motorboot-Fall). Damit könnte auch die in der Rechtsprechung aufkommende unerfreuliche *Kasuistik* vermieden werden.

II. Fallgruppe: Urlaubs-/Freizeitgenuß, für den Aufwendungen gemacht wurden, als Vermögensschaden

Im Fall deliktischer Schädigung kann der entgangene Urlaubsgenuß nur im Rahmen des § 847 BGB berücksichtigt werden.

Werden jedoch Aufwendungen aufgrund von *Vertragsverletzungen* entwertet, kann der Urlauber (anteiligen) Ersatz der nutzlos gewordenen Aufwendungen verlangen. Für das Beispiel Seereise-Fall bedeutet das, daß der Geschädigte keinen Anspruch auf anteiligen Ersatz seiner Aufwendungen hat, da es sich um einen Fall der Amtspflichtverletzung (Delikt) handelt. Wäre das Gepäck des Urlaubers durch das Verschulden des Reiseveranstalters[2] (Vertragsverstoß) nicht an Bord gelangt, hätte der Urlauber dagegen anteiligen Ersatz des von ihm gezahlten Reisepreises verlangen können.

III. Fallgruppe: Beeinträchtigung von Urlaub (Freizeit) „als solchem" als Vermögensschaden

Urlaub und Freizeit haben keinen Vermögenswert, auch wenn sie irgendwie „erkauft" werden. Ihre Beeinträchtigung kann daher nur im Rahmen des *Schmerzensgelds* (§ 847 BGB) berücksichtigt werden.

---

[1] Vgl. zum österreichischen Spalttarif *Mayer-Maly*, VersR 1974, 208 ff. Vgl. auch V. Teil FN 36.
[2] Im Lehrbuch von *Esser* ist der Seereise-Fall entsprechend umgebildet worden (SchR I § 42 Beispielsfall d).

Auch bei der Zubilligung eines *Herstellungsanspruchs* gemäß § 249 BGB ist Zurückhaltung geboten. Nur wenn ein Urlaub völlig „verkorkst" wurde und der enttäuschte Urlauber einen Ersatzurlaub tatsächlich verwirklichen will und *kann*, könnte man bei einer sehr weiten Auslegung des § 249 BGB zu einem entsprechenden Herstellungsanspruch kommen. Auf keinen Fall darf der Anspruch aus § 249 S. 2 BGB dazu benutzt werden, dem Betreffenden im Ergebnis eine „billige Geldentschädigung" zuzusprechen.

Literaturverzeichnis

Arndt, Gabriele: Der Reiseveranstaltungsvertrag. Die Rechtsbeziehungen zwischen Reiseveranstalter und Kunden bei Gesellschafts- und Pauschalreisen unter besonderer Berücksichtigung der Reisebedingungen, Berlin 1972.

Askenasy, Robert: Über den immateriellen Schaden nach dem BGB, Gruch. Beitr. 70. Jahrg., S. 373.

Bartl, Harald: Allgemeine Reisebedingungen, BB 1973, Beilage Nr. 10 (zu Heft 23).

— Die Urlaubsreise und ihre Beeinträchtigung, NJW 1972, 505.

Batsch, Karlludwig: Anm. zu BGH in NJW 1975, 1163 (Pelzmantelfall).

Baur, Fritz: Einige Bemerkungen zum Stand des Schadensausgleichsrechts, in „Funktionswandel der Privatrechtsinstitutionen", Festschrift für Ludwig Raiser, Tübingen 1974, 119 ff.

— Entwicklung und Reform des Schadensersatzrechts, Berlin 1935.

— Rechtsprechungsbericht, JZ 1961, 158.

— Der Ersatz der Aufwendungen für präventiven Gewässerschutz, JZ 1964, 354.

Beck-Mannagetta, Margarethe: Sind die frustrierten Aufwendungen des Kraftfahrzeugbesitzers ein ersatzfähiger Schaden? ZVerkR 1969, 281 (14. Jg. Heft 11; Zeitschrift für Verkehrsrecht, Manz'sche Vbh., Wien).

Blomeyer, Arwed: Allgemeines Schuldrecht, 3. Aufl., Berlin 1969.

Boldt/Röhsler: Mindesturlaubsgesetz für Arbeitnehmer. Kommentar, 2. Aufl., Köln 1968.

Böhmer, Emil: Immaterieller Schaden ist kein Vermögensschaden, MDR 1964, 453.

— Schmerzensgeld für Entziehung eines Tonbandgeräts? MDR 1966, 295.

Bötticher, Eduard: Schadensersatz für entgangene Gebrauchsvorteile, VersR 1966, 301.

Brinz, Alois: Lehrbuch der Pandekten, Band II, Abteilung 1, 2. Aufl., Erlangen 1879.

Bruck-Möller: Kommentar zum Versicherungsvertragsgesetz, 8. Aufl., 1. Bd., Berlin 1961, 2. Bd. 1. Lieferung, Berlin 1966.

Bydlinski, Franz: Probleme der Schadensverursachung nach deutschem und österreichischem Recht, Stuttgart 1964.

Caemmerer, Ernst v.: Wandlungen des Deliktsrechts, in „Hundert Jahre Deutsches Rechtsleben", Festschrift zum hundertjährigen Bestehen des Deutschen Juristentages 1860 - 1960, Bd. II, S. 49, Karlsruhe 1964.

Canaris, Klaus Wilhelm: Die Feststellung von Lücken im Gesetz. Eine methodologische Studie über Voraussetzungen und Grenzen der richterlichen Rechtsfortbildung praeter legem, Berlin 1964.

Coing, Helmut: Interesseberechnung und mittelbarer Schaden, SJZ 1950, 865.

Degenkolb, Heinrich: Der spezifische Inhalt des Schadensersatzes, zugleich als kritischer Beitrag zu § 219 des Deutschen Zivilgesetzentwurfs, AcP 76, 1.

Detlefsen, Peter: Schadensersatz für entgangene Gebrauchsvorteile, Karlsruhe 1969.

Deutsch, Erwin: Haftungsrecht, Erster Band: Allgemeine Lehren, 1. Aufl., Köln 1976.

Diederichsen, Uwe: Argumentationsstrukturen in der Rechtsprechung zum Schadensersatzrecht, in FS für Klingmüller, Karlsruhe 1974.

Dorsch, Friedrich: Psychologisches Wörterbuch, 8. Aufl., Hamburg / Bern 1970.

Eberle, Rainer: Die Haftung des Reiseveranstalters, DB 1973, Beil. 3, Heft 7.

Ellrich, Holger, Der Herstellungsanspruch in Geld bei Urlaubs- und Veranstaltungsschäden, Diss. Gießen 1972.

Ellscheid/Hassemer, Hrsg.: Interessenjurisprudenz, Darmstadt 1974.

Erman, Walter: Handkommentar zum Bürgerlichen Gesetzbuch, 1. und 2. Bd. 5. Aufl., Münster 1972.

Esser, Josef: Grundsatz und Norm in der richterlichen Fortbildung des Privatrechts. Rechtsvergleichende Beiträge zur Rechtsquellen- und Interpretationslehre, Tübingen 1956.

— Vorverständnis und Methodenwahl in der Rechtsfindung, durchgesehene und ergänzte Auflage, Frankfurt/M. 1972.

— Grundlagen und Entwicklung der Gefährdungshaftung, 2. Aufl., München 1969.

— Schuldrecht, Lehrbuch, Bd. 1, 4. Aufl., Karlsruhe 1970.

— Die Zweispurigkeit unseres Haftpflichtrechts, JZ 1953, 129.

— Fälle und Lösungen nach höchstrichterlichen Entscheidungen. BGB-Schuldrecht, 3. Aufl., Karlsruhe 1971.

Fikentscher, Wolfgang: Schuldrecht, Lehrbuch, 5. Aufl., Berlin, New York 1975.

Frotz, Gerhard: Der „Ersatz in Geld" nach § 250 S. 2 BGB, JZ 1963, 391.

Gimmerthal, Theodor: Die Lehre vom Interesse in ihren Grundzügen rekonstruiert, Arnstadt 1876.

Grunsky, Wolfgang: Aktuelle Probleme zum Begriff des Vermögensschadens, Bad Homburg v. d. H., Berlin, Zürich 1968.

— Entgangene Urlaubszeit als Vermögensschaden, NJW 1975, 609.

— Rezension von Stoll, „Begriff und Grenzen des Vermögensschadens", JZ 1975, 39.

— Anm. zu BGH in JZ 1973, 424 (Entgangene Urlaubsfreude).

Güllemann, Dirk, Ausgleich von Verkehrsunfällen im Licht internationaler Reformprojekte, Berlin 1969.

Hagen, Horst: Fort- oder Fehlentwicklungen des Schadensbegriffs? JuS 1969, 61.

Hanau, Peter: Rückwirkungen der Haftpflichtversicherung auf die Haftung, VersR 1969, 291.

Hanhardt, Dieter: Arbeiter in der Freizeit, Bern, Stuttgart 1964.

Hauss, Fritz: Entwicklungslinien des deutschen Schadensersatzrechts, ZVers Wiss 1967, 151.

Hauss, Fritz: Empfiehlt es sich, die Haftung für schuldhaft verursachte Schäden zu begrenzen? Kann für den Umfang der Schadensersatzpflicht auf die Schwere des Verschuldens und die Tragweite der verletzten Norm abgestellt werden? Referat gehalten auf dem 43. Deutschen Juristentag 1960. Verhandlungen des 43. Deutschen Juristentages 1960, Tübingen 1962, Bd. 2, C 23.

Heck, Philipp, Grundriß des Schuldrechts, Tübingen 1929.
— Gesetzesauslegung und Interessenjurisprudenz, AcP 112 (1914), 1.
— Begriffsbildung und Interessenjurisprudenz, Tübingen 1932.

Heldrich, Andreas: Vergeudung von Freizeit als Vermögensschaden, NJW 1967, 1737.

Hereth, Hansjörg: Ausgleich für schadensmindernde Maßnahmen von Verkehrsunternehmen vor dem Schadensereignis, Diss. Erlangen-Nürnberg 1962.

Hermann, Michael: Der Schadensersatz für die entgangene Nutzung des Kraftfahrzeugs, Diss. Bochum 1974.

Herrmann, Klaus: Schadensersatz für Reservehaltung, Diss. Göttingen 1963.

Hippel, Eike v.: Schadensausgleich bei Verkehrsunfällen. Haftungsersetzung durch Versicherungsschutz, Berlin, Tübingen 1968.
— Verbraucherschutz, Tübingen 1974.

Honsell, Heinrich: Zur Kritik des Interessebegriffs, JuS 1973, 69.
— Die mißlungene Urlaubsreise, JuS 1976, 222.

Hopt, Klaus: Was ist von den Sozialwissenschaften für die Rechtsanwendung zu erwarten? JZ 1975, 341.

Hubmann, Heinrich: Grundsätze der Interessenabwägung, AcP 155, 85.

Hueck/Nipperdey: Arbeitsrecht, 7. Aufl., Berlin, Frankfurt/M. 1963.

Ihering, Rudolph v.: Das Schuldmoment im römischen Privatrecht, Gießen 1867.

Jüttner, Bernhard: Kritische Bemerkungen und Anregungen zum Referentenentwurf eines Gesetzes über den Reiseveranstaltungsvertrag, ZRP 1974, 181.

Kaufmann, Ekkehard: Dogmatische und rechtspolitische Grundlagen des § 253 BGB, AcP 162, 421.

Keller, Max: Haftpflicht und Versicherung in der Wertordnung des technischen Zeitalters, in „Revolution der Technik — Evolution des Rechts", Festgabe zum 60. Geburtstag von Karl Oftinger, Zürich 1969, S. 111.

Keuk, Brigitte: Vermögensschaden und Interesse, Bonn 1972.
— Möglichkeiten und Grenzen abstrakter Schadensberechnung, VersR 1976, 401.

Klatt, Heinz: Fremdenverkehrsrechtliche Entscheidungen, Ein internationales Archiv. Hrsg. von Heinz Klatt, Köln, Bd. 1 (1965) — Bd. 4 (1970).

Klimke, Manfred: Schadensersatzpflicht für entgangene Gebrauchsvorteile aus haftpflichtrechtlicher und betriebswirtschaftlicher Sicht, DB 1974, Beil. Nr. 7 zu Heft 12.

Klunzinger, Eugen: Schadensersatzansprüche wegen Gebrauchsverlust bei unentgeltlicher Inanspruchnahme eines billigeren Ersatzwagens, VersR 1970, 881.

Knebel, Hans-Joachim: Soziologischer Strukturwandel im modernen Tourismus, Stuttgart 1960.

Kress, Hugo: Lehrbuch des Allgemeinen Schuldrechts, München 1929.

Landwehrmann, Friedrich: Zeit ist Geld? Probleme des Schadensersatzes für Freizeitbeeinträchtigung, Diss. Münster 1971.

Larenz, Karl: Lehrbuch des Schuldrechts, Band I, Allgemeiner Teil, 10. Aufl., München und Berlin 1970.

— Der Vermögensbegriff im Schadensrecht, in Festschrift für Nipperdey, Band I, München und Berlin 1965, S. 489.

— Nutzlos gewordene Aufwendungen als erstattungsfähige Schäden, in „Revolution der Technik, Evolution des Rechts", Festgabe zum 60. Geburtstag von Karl Oftinger, Zürich 1969, S. 151.

— Zur Abgrenzung des Vermögensschadens vom ideellen Schaden, VersR 1963, 312.

— Methodenlehre der Rechtswissenschaft, 3. Aufl., Berlin, Heidelberg, New York 1975.

— „Das allgemeine Persönlichkeitsrecht" im Recht der unerlaubten Handlung, NJW 1956, 1719.

— Anm. zu BAG, in AP Nr. 7 zu § 249 BGB.

Lieb, Manfred: Wegfall der Arbeitskraft und normativer Schadensbegriff, JZ 1971, 358.

Löwe, Walter: Schadensersatz bei Nutzungsentgang von Kraftfahrzeugen? VersR 1963, 307.

— Gebrauchsmöglichkeit einer Sache als selbständiger Vermögenswert? NJW 1964, 701.

Lüdtke, Hartmut: Freizeit in der Industriegesellschaft, Emanzipation oder Anpassung, Opladen 1972.

Mammey, Gotthold: Schadensersatz für entgangene Urlaubstage? NJW 1969, 1150.

Mayer-Maly, Theo: Österreichs OHG lehnt abstrakte Nutzungsentschädigung ab, VersR 1969, 867.

— Der österreichische Spalttarif, VersR 1974, 208.

Medicus, Dieter: Bürgerliches Recht, 6. Aufl., Berlin, Bonn, München 1973.

— Id quod interest, Studien zum römischen Recht des Schadensersatzes, Köln und Graz 1962.

— Naturalrestitution und Geldersatz, JuS 1969, 449.

— Schadensabwicklung bei Verkehrsunfall, JuS 1972, 553.

Mertens, Hans-Joachim: Der Begriff des Vermögensschadens im Bürgerlichen Recht, Stuttgart, Berlin, Köln, Mainz 1967.

Möller, Hans: Summen- und Einzelschaden, Beiträge zur Erneuerung der Schadenslehre vom Wirtschaftsrecht aus, Hamburg 1937.

Mommsen, Friedrich: Zur Lehre von dem Interesse, Braunschweig 1855.

Motive zu dem Entwurf eines Bürgerlichen Gesetzbuches, Berlin und Leipzig 1888.

Neuner, Robert: Interesse und Vermögensschaden, AcP 133, 277.

Neuwald, Jost: Der zivilrechtliche Schadensbegriff und seine Weiterentwicklung in der Rechtsprechung, Diss. München 1968.

Niederländer, Hubert: Schadensersatz bei Aufwendungen des Geschädigten vor dem Schadensereignis, JZ 1960, 617.

Nikisch, Arthur: Arbeitsrecht, 3. Aufl., 1. Allg. Lehren und Arbeitsvertragsrecht, Tübingen 1961.

Nörr, Dieter: Zum Ersatz des immateriellen Schadens nach geltendem Recht, AcP 158, 1.

Oertmann, Paul: Kommentar zum Bürgerlichen Gesetzbuch, 5. Aufl., Berlin 1928.

Palandt, Otto: Bürgerliches Gesetzbuch mit Einführungsgesetz, Beurkundungsgesetz, Abzahlungsgesetz, Wohnraumkündigungsschutzgesetz, Wohnungseigentumsgesetz, Ehegesetz, Jugendwohlfahrtsgesetz, Truppenentschädigungs-Regelung, 35. Aufl., München 1976.

Pieper, Helmut: Der Anspruch auf Schadensersatz wegen Nichterfüllung, JuS 1962, 409 und 459.

Planck, Gottlieb: Bürgerliches Gesetzbuch, Kommentar, 1. Bd., 4. Aufl., Berlin 1914.

Raiser, Ludwig: Die Zukunft des Privatrechts, Berlin, New York 1971.

Rebmann, Eberhard: International einheitliche Regelung des Rechtes des Reisevertrages — Überblick über das Brüsseler Abkommen, DB 1971, 1949 ff., 2002 ff.

Referentenentwurf: Entwurf eines Gesetzes zur Änderung und Ergänzung schadensrechtlicher Vorschriften, I. Wortlaut, II. Begründung, Karlsruhe 1967 (Bundesministerium der Justiz).

Reinecke, Horst: Schaden und Vermögenseinbuße, Berlin 1967.

Rother, Werner: Haftungsbeschränkungen im Schadensrecht, München und Berlin 1965.

Schmalenbach, Eugen: Dynamische Bilanz, 13. Aufl., Köln, Opladen 1962.

Schmidt, Eike: Grundlagen des Haftungs- und Schadensrechts, in Athenäum Zivilrecht 1, Frankfurt/M. 1972.

— Zivilrechtlicher Grundkurs für Studienanfänger, Kronberg/Ts. 1974.

— Fälle und Lösungen nach höchstrichterlichen Entscheidungen, BGB Schuldrecht, 3. Aufl., Karlsruhe 1971.

— Normzweck und Zweckprogramm, in „Dogmatik und Methode", Josef Esser zum 65. Geburtstag, Kronberg/Ts. 1975.

Schmidt-Salzer, Joachim: Der Anspruch auf Zahlung eines Nutzungsentgelts wegen entgangener Gebrauchsvorteile, BB 1970, 55.

Schmidt, Jürgen: Schadensersatz und Strafe. Zur Rechtfertigung des Inhaltes vom Schadensersatz aus Verschuldenshaftung, Frankfurt/M. 1973.

— Vorsorgekosten und Schadensbegriff, JZ 1974, 73.

Selb, Walter: Schadensbegriff und Regreßmethoden, Heidelberg 1963.

Sieg, Karl: Ausstrahlungen der Haftpflichtversicherung, Hamburg 1952.

Soergel-Siebert: Bürgerliches Gesetzbuch, Kommentar, 10. Aufl., Bd. 2, Schuldrecht, Stuttgart, Berlin, Köln, Mainz 1967.

Steindorff, Ernst: Abstrakte und konkrete Schadensberechnung, AcP 158, 431.

Steindorff, Ernst: Anm. zu BGH in JZ 1964, 420.
— Anm. zu BGH in JZ 1967, 360.
Stoll, Hans: Empfiehlt sich eine Neuregelung der Verpflichtung zum Geldersatz für immateriellen Schaden? Gutachten für den 45. Deutschen Juristentag, München und Berlin 1964, Gutachten T. 1.
— Begriff und Grenzen des Vermögensschadens, Karlsruhe 1973.
— Rezension von J. Schmidt, „Schadensersatz und Strafe", AcP 174, 562.
— Abstrakte Nutzungsentschädigung bei Beschädigung eines Kraftfahrzeuges, JuS 1968, 504.
— Anm. zu BGH in JZ 1971, 591 (Jagdpachtfall).
— Anm. zu BGH in JZ 1975, 253 (Rumänienreisefall).
— Anm. zu BGH in JZ 1976, 281 (Führerscheinentzug).
Stoll, Heinrich: Begriff und Konstruktion in der Lehre der Interessenjurisprudenz, in Festgabe für Philipp Heck u. a., Beilageheft zu AcP 133 (1931), 60 - 117.
Schwarz, Jörg M.: Konsumentenschutz im Tourismus? Eine Untersuchung aus der Perspektive des Reiselandes Schweiz, Diss. Bern 1973.
Tuhr, Andreas v.: Der Allgemeine Teil des Deutschen Bürgerlichen Rechts, I. Band, Leipzig 1910.
— Allgemeiner Teil des schweizerischen Obligationenrechts, 1. Halbband, Tübingen 1924.
— Allgemeiner Teil des schweizerischen Obligationenrechts, Band I, 2. von *Peter* bearbeitete Aufl., Bern 1974.
Thiele, Wolfgang: Die Aufwendungen des Verletzten zur Schadensabwehr und das Schadensersatzrecht, in Festschrift für Wilhelm Felgenträger, Göttingen 1969, S. 393.
Tolk, Martin: Anm. zu BGH in JZ 1975, 530 (Pelzmantelfall).
Warkallo, Withold: Entwicklungsperspektiven der Versicherung und die Theorie des Schadensersatzrechts, VersR 1972, 703.
Weis, Eckart: Schadensersatz bei Aufwendungen des Geschädigten vor dem Schadensereignis, Heidelberg 1967.
Werber, Manfred: Nutzungsausfall und persönliche Nutzungsbereitschaft, AcP 173, 174.
Weychardt, Dieter Wilhelm: Wandlungen des Schadensbegriffes in der Rechtsprechung, Diss. Frankfurt/M. 1965.
Weyers, Hans-Leo: Unfallschäden, Praxis und Ziele von Haftpflicht- und Vorsorgesystemen. Frankfurt/M. 1971.
— Der Begriff des Vermögensschadens im deutschen Recht. In Hefte der Vereinigung für den Gedankenaustausch zwischen deutschen und italienischen Juristen e. V., Heft 8/9, 1973, S. 37 ff.
Wiese, Günther: Der Ersatz des immateriellen Schadens, Tübingen 1964.
Windscheid, Bernhard: Lehrbuch des Pandektenrechts, Bd. II, 9. Aufl., Frankfurt/M. 1906.
Zeuner, Albrecht: Gedanken zum Schadensproblem, in Gedächtnisschrift für Dietz, München 1973.
— Schadensbegriff und Ersatz von Vermögensschäden, AcP 163, 280.

Printed by Libri Plureos GmbH
in Hamburg, Germany